‘मजरूह’ सुल्तानपुरी

‘मजरूह’ सुल्तानपुरी

सम्पादन

डॉ. सादिक़ा नवाब ‘सहर’

वाणी प्रकाशन

वाणी प्रकाशन
4695, 21-ए, दरियागंज, नयी दिल्ली 110 002
शाखा
अशोक राजपथ, पटना 800 004
फ़ोनः +91 11 23273167 फ़ैक्सः +91 11 23275710
www.vaniprakashan.in
vaniprakashan@gmail.com
'MAJROOH' SULTANPURI
Edited by Dr. Sadiqa Nawab 'Sahar'
ISBN : 978-93-5229-145-8
Ghazals

संस्करण 2002, 2005
आवृत्ति 2012
मूल्य : ₹65

मेहरा ऑफ़सेट, नयी दिल्ली-110002 में मुद्रित
वाणी प्रकाशन का लोगो मक़बूल फ़िदा हुसेन की कूची से

'मजरूह' सुल्तानपुरी

मैंने अपने जमालियाती ज़ौक़ (सौंदर्य-बोध) की तस्कीन के लिए सन् 1940 में शायरी शुरू की। इब्तिदा (आरंभ) गीत-नुमा नज़्मों से हुई। लेकिन बेहद जल्द मैं ग़ज़ल की तरफ़ आ गया। शुरू में मैं ने हज़रत 'आसी' से दो ग़ज़लों पर इस्लाह ली। मुझे उनकी इस्लाह का तरीक़ा पसंद नहीं आया और मैंने उनसे इस्लाह लेना छोड़ दिया। और फिर किसी से इस्लाह नहीं ली।

सन् 45 में 'जिगर मुरादाबादी' मरहूम मुझे बंबई ले आए एक मुशायरे में शिरकत करने के लिए। मैंने वहाँ यह ग़ज़ल पढ़ी थी–

> ''शबे-इन्तिज़ार की कश्मकश में न पूछ कैसे सहर हुई
> कभी इक चिराग़ बुझा दिया, कभी एक चिराग़ जला दिया।''

फ़िल्म निर्माता 'ए आर कारदार मरहूम' से 'जिगर साहब' ने सिफ़ारिश की और मैंने उनकी फ़िल्म 'शाहजहाँ' के गाने लिखे। इस तरह 1945 में जिस साल मैं 'तरक़्क़ी पसंद तहरीक' (प्रगतिशील लेखक संघ) से वाबस्ता हुआ, मेरी फ़िल्मी ज़िंदगी का आग़ाज़ भी हुआ। फ़िल्मी शायरी मेरे लिए ज़रिया-ए-इज़्ज़त नहीं बल्कि ज़रिया-ए-मआश (जीविका का साधन) है। मैं अपनी फ़िल्मी शायरी को कुछ ज़्यादा मैयारी (ऊँचे स्तर की) भी नहीं समझता। इसके ज़रिए मुझे कोई अदबी फ़ायदा भी नहीं पहुँचा है, बल्कि फ़िल्मी मस्रूफ़ियत (व्यस्तता) मेरी शेर-गोई (काव्य-लेखन) की रफ़तार में हाइल रही।

मेरी अदबी ज़िंदगी संवारने में 'जिगर' मरहूम और 'रशीद अहमद सिद्दीक़ी' मरहूम के फ़ैज़े-तरबियत (प्रशिक्षण के लाभ) को ख़ास दख़ल हासिल है, लेकिन मैंने जिगर साहब से कभी एक शेर पर भी इस्लाह नहीं ली। मेरी इब्तिदाई दौर की ग़ज़लों में लखनऊ का बयानिया लहजा (वर्णनीय शैली) है, जिसकी वजह से इनमें एक क़िस्म का सपाट-पन पैदा हो गया है। ये ग़ज़लें अब ज़ाया हो चुकी हैं। सन् 60 के बाद मेरी ग़ज़लों की ज़ुबान (भाषा) और मौज़ूआत (विषय) में

नुमायाँ तब्दीली पैदा हुई और इशारियत (सांकेतिकता) और तहदारी (गहराई) में भी इज़ाफ़ा हुआ।

तरक़्क़ी पसंद अदबी तहरीक के इब्तिदाई दौर में क्लासिकी सरमाये को नज़र-अंदाज़ करने का रुझान आम हुआ। मैं इस मैलान (रुझान) से क़तई मुतासिर (प्रभावित) नहीं हुआ, बल्कि रिवायत से इन्हराफ़ (विमुखता) और इख़्तिलाफ़ (विरोध) को मैं अपने वलदियत (नस्ल, खान्दान) से इन्हराफ़ के मुतरादिफ़ (समानार्थी) समझता हूँ। दरअसल मुसव्वरी (चित्रकला), शायरी, मुख़्तसर पैराए (संक्षिप्त शैली) में बड़ी बात कहने में है। उर्दू शाएरी में ये बात सिन्फ़े-ग़ज़ल (ग़ज़ल विधा) में पाई जाती है। इसी से मैंने ग़ज़ल को ही अपने ज़ज़बात के इज़हार का ज़रिया बनाया। मेरे लिए यही एक मोतबर ज़रिया (विश्वस्नीय साधन) है। ग़ज़ल की खुसूसियत उसका ईजाज़ो-इख़्तिसार (संक्षिप्तता) और जामइयत व गहराई (संपूर्णता और गहराई) है। इस ऐतिबार से ये सब से बेहतर सिन्फ़ (विधा) है।

तरक़्क़ी पसंदों ने जब ग़ज़ल की मुख़ालिफ़त की, उस वक़्त सन् 45 से सन् 52 तक हिंदुस्तान में 'फ़ैज अहमद फ़ैज' की कोई तरक़्क़ी पसंद (प्रगतिशील) ग़ज़ल नहीं पहुँची थी, शायद उन्होंने कही भी न हो। उस वक़्त मैं तन्हा शख़्स था जिसे ग़ज़ल-दुश्मनी सहनी पड़ी। इसीलिए मैं ग़ज़ल की हद तक अपने आप को फ़ैज़ से बड़ा तो नहीं अलबत्ता तरक़्क़ी पसंद ग़ज़ल की हद तक पहला ज़रूर समझता हूँ, वैसे तिस वक़्त शाएरी में तुतला मैं 'फ़ैज', अली सरदार जाफ़री, 'मजाज़', 'जज़्बी', 'मख़्दूम' इन सब को अपना पेशरौ (अग्रगामी) मानता हूँ। उनकी इज़्ज़त करता है।

तो, सन् 50 के आख़िर में एक साल की क़ैद झेलकर जब मैं लौटा और अपनी उन दिनों में लिखी ग़ज़लें पढ़ीं, तो दोस्तों की ग़ज़ल-दुश्मनी और मायूसी में कमी आई और और उन्होंने ग़ज़लका जाइज़ा दोबारा लेना शुरू किया। और वो ग़ज़लें ये थीं...

''देख ज़िंदाँ से परे, रंगे-चमन, जोशे-बहार
रक़्स करना है तो फिर पाँव की ज़ंजीर न देख।''

''बोल कुछ बोल, मुक़ैयद लबे-इज़हार सही
सरे-मिम्बर नहीं मुम्किन तो सरे-दार सही।''

'मजरूह सुल्तानपुरी'

'मजरूह' जीवन और कृतित्व

'ग़ालिब अवार्ड', 'वली अवार्ड', 'इक़बाल सम्मान', 'दादा साहब फालके अवार्ड' और 'फ़िल्म फ़ेअर अवार्ड' प्राप्त करने वाले और अपने ही जीवन-काल में बेमिसाल प्रसिद्धि का जाम चखने वाले 'मजरूह' सुल्तानपुरी का असली नाम 'असरार अहमद खाँ', तख़ल्लुस (उपनाम) 'मजरूह' था, मशहूर हुए 'मजरूह' सुल्तानपुरी के नाम से, जन्म : उत्तर प्रदेश के ज़िला कंजहड़ी में पहली अक्तूबर 1919 में हुआ। पिता 'मोहम्मद हुसैन ख़ान' पुलिस विभाग में इन्सपेक्टर थे। आरंभिक शिक्षा के बाद 'तक्मीलुत्तिब कॉलेज', लखनऊ से हकीमी पास की और सुल्तानपुर क़स्बा नान्डा ज़िला अम्बेडकर नगर में प्रैक्टिस करने लगे।

'मजरूह' की पत्नी का नाम 'फ़िरदौस' है, इन्हीं के नाम उन्होंने अपना एक मात्र ग़ज़ल संग्रह 'ग़ज़ल' समर्पित किया है।, उनकी तीन लड़कियाँ 'गुल', 'नौ-बहार' और 'सबा' हैं; और दो बेटे—'इरम' और 'अन्दलीब'। 1993 में 36 वर्ष की उम्र में 'इरम' के अचानक देहांत ने उन्हें गहरे सदमे से दो-चार किया। आख़िर उम्र तक उन्होंने फ़िल्मों के लिए गीत लिखे, यह उनकी प्रतिभा थी और आर्थिक मजबूरी भी। अपने बेटे 'अन्दलीब' की फिल्म 'जानम समझा करो' बनाने में उन्होंने हर प्रकार से सहयोग दिया।

किताबें पढ़ने, ताश खेलने, टी.वी. पर क्रिकेट, हॉकी मैच देखने का और एक ज़माने में शिकार खेलने का शौक़ था। मुशायरों के वे कामयाब शाएर थे। खनकते हुए तरन्नुम से मुशायरा लूट लेते। उर्दू, फ़ारसी और अरबी के बड़े जानकार थे। फ़ारसी शायर 'बेदिल', 'फ़िरदौसी' आदि को पढ़ा था, इसी से उनकी शायरी में क्लासिकी रचाव, गरिमा और वैभव आ पाया था।

'मजरूह' अभिमानी नहीं थे, ख़ुददार अवश्य थे। महाराष्ट्र के मुख्य मंत्री, श्री मनोहर जोशी के हाथ से 'दादा साहब फालके अवार्ड' नहीं लिया किंतु प्रसिद्ध कवि 'जिगर मरादाबादी' के पाँव ज़रूर दबाए। वे कट्टरपंथी मुस्लिम नहीं थे किंतु धर्म के नाम पर वातावरण नष्ट करने की क्रिया को सख़्त नापसंद करते थे।

दूसरों की सहायता करने में पीछे नहीं थे। 'साहिर लुधियानवी' की बीमारी के दिनों में उनकी ओर से फिल्म के लिए गीत लिखा और मेहनताना भी नहीं लिया। 'नज़ीर' बनारसी, मोहम्मद अली 'ताज़' आदि को फ़िल्म निर्माताओं से मिलाया। वे सुंदर व्यक्तित्व, सुरीले गले के मालिक, सभ्य, स्नेही, नैतिकता के मूल्यों के प्रतीक थे।

'मजरूह' सुल्तानपुरी की बीमारी की ख़बर नहीं पहुँची देहांत की ख़बर पहुँची-अखबारों के ज़रिए। ग़लत नाम से एक छोटी सी ख़बर।...मैं फ़ौरन दौड़ पड़ी। रिज़वी कॉलेज, बांद्रा, मुम्बई के पड़ोस की इमारत के सी विंग के नेम-प्लेट के नीचे लाखों दिलों की थड़कनें अपनी साहित्यिक ग़ज़लों और मीठे फिल्मी गीतों से बढ़ाने वाला ज़िंदा-दिल शायर, 'मजरूह' सफ़ेद कफ़न में बड़े सुकून से सो रहे थे, जैसे अभी बोल पड़ेंगे , "ठीक तो हो बिटिया।" और फिर आवाज़ देंगे, "अरे भई, सादिक़ा आई है, चाय-वाय पिलाओ।" —मगर उस दिन ऐसा कुछ नहीं हुआ।

उनकी छोटी बहू बता रही थीं, "अंदाज़ा ही नहीं हुआ कि ऐसा कुछ हो जाएगा।"

—बहुत कम लोग, सौ से भी कम, इमारत के अहाते में नज़र आए। लोगों को ख़बर ही नहीं हुई और एक अहम साहित्यिक हस्ती और हज़ारों फ़िल्मी गीतों का रचयिता, जिसकी उपस्थिति हज़ारों लोगों को इकट्ठा कर लेती थी, चंद चाहने वालों की उपस्थिति में मनों मट्टी के नीचे सुला दिया गया।

उर्दू के बहुत से शायर देवदानरी लिपि में प्रकाशित होकर जन साधारण तक पहुँच चुके। 'मजरूह' के शेर लोगों की ज़बानों पर तो हैं, किंतु बहुत से लोग उन्हें पढ़ नहीं पाते। वास्तव में उन पर अब तक सही काम ही नहीं हो सका। उर्दू में भी उनकी ग़ज़लें या कुछ नज़्में ही सामने आई हैं। मैंने 'मजरूह' की सारी ग़ज़लें, नज़्में, फ़ुटकर शेर दैनिक 'इन्कलाब' में 'तमाशाई' के कल्पित नाम से समसामयिक सामाजिक और राजनैतिक समस्याओं पर प्रकाशित कविताएँ, उनके कुछ फिल्मी गीत सारांश प्रकाशन, नई दिल्ली से संपादित करवाई। शब्दार्थ के साथ यह काम ऐसा है कि जिसे आज तक स्वयं उर्दू में भी किसी ने नहीं किया। इस काम के करने में मुझे ख़ुद 'मजरूह' साहब ने प्रोत्साहित किया था। मुझे इस लिविंग लेजेंड का मार्ग-दर्शन और सरपरस्ती प्राप्त रही। उन्हीं की निगरानी में उनका सारा कलाम इकट्ठा किया, साक्षात्कार लिए, उनकी साहित्यिक ग़ज़लों पर लेख लिखा। अपने जीवन के अंतिम तीन वर्ष उन्होंने बड़ी शिददत से देवनागरी हिंदी में अपने काव्य संग्रह का इंतिज़ार किया।

'मजरूह' साहब के नाम से सम्बोधित करने पर वे कुछ नाराज़ हो जाते,

कहते, 'बिटिया मुझे 'मजरूह चचा' कहो'। कहते, 'ये जो तुम काम कर रही हो, दरवेशी का है, माली (आर्थिक) नहीं है।' फ़रवरी 1992 में जब मैंने 'अन्जुमन तरक़्क़ी उर्दू (हिंद)' की खोपोली शाखा का आरंभ किया तो मेरे बुलाने पर वे 'सल्मा सिददीकी साहिबा' (कथाकार कृष्णचंदरकी की पत्नी) और व्यंग्यकार 'यूसुफ़ नाज़िम साहब' के साथ आए और इस संस्था का उद्घाटन किया। यक़ीन जानिए पनवेल और लोनावला तक से लोग बिना निमंत्रण उन्हें देखने-सुनने आए।

'मजरूह' के जीवन काल में ही 'बेदार-बख़्त' ने उनकी कुछ ग़ज़लों का अंग्रेजी में ''नेवर माइंड युअर चेन'' (``Never Mind Your Chain") के नाम से अनुवाद किया। हिंदी में इस प्रकार का काम मैंने पहली बार किया।

'मजरूह सुल्तानपुरी' के कलाम में लगभग 50 ग़ज़लें ही हैं, अपनी कई ग़ज़लें उन्होंने ज़ाया कर दीं क्योंकि वे चयन करना ख़ूब जानते थे। फ़िल्म नगरी से जुड़े रहने के कारण उनके पास समय की कमी रहती, सारी ज़िंदगी वे अपने परिवार के लिए रोज़ी-रोटी का बंदो-बस्त करते रहे। उन्होंने लगभग चार हजार फ़िल्मी गीत सन् 1945 से मई 2000 तक यानी लगभग 55 वर्षों में लिखे। तीन भोजपुरी फ़िल्मों के लिए भी गीत लिखे। 'शकील बदायूनी', 'साहिर लुधियानवी' या कोई कवि, फ़िल्मी दुनिया ने इतने वर्षों तक किसी गीतकार को कभी टिकने नहीं दिया। वे अपनी साहित्यिक शायरी की भाँति फिल्मी गीत लिखने में पूरी तरह डूब कर लिखते, बल्कि स्वयं पात्र बन जाते। शब्दों का चयन भी उनका बेमिसाल था। उदाहरण पेश हैं :

''जब दिल ही टूट गया,
हम जी कर क्या करेंगे।''

(फ़िल्म 'शाहजहाँ' का एक गीत पार्श्व गायक के एल सहगल की अंतिम इच्छा के अनुसार उनकी अर्थी के साथ बजा।)

''कभी बेख़्याल हो कर यूँ ही छू लिया किसी ने
कई ख़्वाब देख डाले यहाँ मेरी बेखुदी ने''
(फ़िल्मः काला पानी)

'मजरूह' का सारा ज़ोरे-क़लम ग़ज़लों पर ख़र्च हुआ, किंतु 'क़लम', और 'लता मंगेशकर के नाम' शीर्षक नज़्मों के अतिरिक्त 'तमाशाई' के कल्पित नाम से लिखी हुई उनकी ग़ज़लें नज़्म-निगारी पर उनकी पकड़ को मनवा लेती हैं।

●

'मजरूह' की साहित्यिक शायरी पर एक नज़र

'मजरूह' सुल्तानपुरी ने बहुत कम ग़ज़लें लिखी हैं, किंतु शब्दों के बरतने का पूरा पूरा ज्ञान होने की वजह से उनके शेर बहुत कुछ अनकही भी कह जाते हैं। उनके यहाँ व्यक्तिगत पीड़ा भी है, अनुभवों की मिठास और कटुता भी है और राष्ट्रीय और अंतर्राष्ट्रीय परिस्थितियों का ज्ञान और अहसास भी...

"हम को जुनूँ क्या सिखलाते हो, हम हैं परेशाँ तुम से ज़ियादा
फाड़े होंगे हमने अजीज़ो, चार गरेबाँ तुम से ज़ियादा।"

'मज़रूह' ग़ज़ल विधा के मिज़ाज के रचाव से भली भाँति परिचित थे। उनकी ग़ज़लों में इसी कारणवश क्लासिकियत उभर कर आती है। इस पर भी उनका अंदाज क्या है, शायरी का रंग नया है, नए ज़माने के तक़ाज़े नए हैं। अपने कई शेरों में उन्होंने अपने शिल्प का विश्लेषण कुछ इस तरह किया है :

"मुझे नहीं किसी उसलूबे-शायरी की तलाश
तेरी निगाह का जादू मेरे सुख़न में रहे।"

या

"वही बात जो न मैं कह सका, मेरे शेरो-नग़्मा में आ गई
वही लब जिन्हें न मैं छू सका कदहे-शराब में ढल गए।"

ग़ज़ल मूलतः अपने स्वभाव से प्रेम और सौंदर्य (हुस्नो-इश्क़) की कहानी है।

शब्दकोशों में इसका अर्थ स्त्रियों से या स्त्रियों के बारे में बातें करना है। परंतु सार्थक पहलू से वह जीवन की समीक्षा और विश्लेषण है। 'मजरूह' की ग़ज़ल-यात्रा इसका सबूत है–

"दिल से मिलती तो है इक राह कहीं से आकर
सोचता हूँ ये तेरी राह-गुज़र है कि नहीं।"

"फिर भी कहलाऊँगा आवारा-ए-गेसू-ए-बहार
मैं तेरा दामे-ख़िज़ां लाख गिरफ़तार सही।"

ग़ज़ल की परख के लिए ग़ज़ल की तहज़ीबी और परंपरागत पृष्ठभूमि को हर समय सामने रखना आवश्यक है। यों तो देखने में यह विधा बहुत ही सरल हो सकती है, किंतु वास्तव में यह एक मश्किल विधा है। ऐसा कहने का कारण यह है कि ग़ज़ल की दो पंक्तियों में उसके स्वरूप को ध्यान में रखते हुए पूरी बात कहनी होती है। ग़ज़ल के सभी शेर या तो अपनी अपनी जगह एक एक कहानी या बात पूरी तरह सुनाते दिखाई देते हैं, किंतु उन शेरों में एक आंतरिक संबंध भी होता है और वह है कवि के मूड का। जिस ग़ज़ल के शेर में आवुर्द (सायास प्रयत्न) दिखाई दे या जिसमें आमद (अनायास उपज) न महसूस हो उसका प्रभाव ज़रा कम ही होता है। 'मजरूह' ने अपनी शायरी में अपने युग की आत्मा समो दी और बड़ी सरलता से ऐसी कविता के अमर हो जाने का ऐलान कर दिया।

"नवा है जावेदाँ 'मजरूह' जिसमें रूहे-साअत हो
कहा किसने मेरा नग़्मा ज़माने के चलन तक है।

यही वह ग़ज़ल का लहजा है जिसने अपने युग की आत्मा को अपने में समोते हुए ग़ज़ल के परंपरागत अंदाज़ को तरक़्क़ी देता है। यहीं वे रिवायती होते हुए भी इन्फ़िरादी रंग का इज़हार कर पाए हैं।

"वो जिस पे तुम्हें शम्अे-सरे-रह का गुमाँ है
वो शोला-ए-आवारा हमारी ही ज़ुबाँ है।"

"शरहे-ग़म तो मुख़्तसर होती गई उसके हुज़ूर
लफ्ज़ जो मुँह से न निकला दास्ताँ बनता गया।"

'मजरूह' की ग़ज़ल का लहजा विद्रोही है, किंतु यह विद्रोह रचनात्मक है। वे नई सभ्यता के नए मूल्यों का नए दृष्टिकोण से विश्लेषण करते हैं। उनकी ग़ज़ल में चिंतन और अनुभूति की बड़ी संभली हुई कैफ़ियत दिखाई देती है—

"दार पर चढ़कर लगाएँ नारा-ए-जुल्फ़े-सनम
सब हमें बाहोश समझें, चाहे दीवाना कहें।"

"शमअ भी उजाला भी मैं ही अपनी महफ़िल का
मैं ही अपनी मंज़िल का राहबर भी राही भी।"

'मजरूह' के काव्य को उसकी संगीतात्मकता, रदीफ़ क़ाफ़िये के चयन की नवीनता, शब्दों के चयन की सतर्कता ने अनोखापन और बांकपन बख़्शा है।

"वो लजाए मेरे सवाल पर, कि उठा सके न झुका के सर
उड़ी ज़ुल्फ़ चेहरे पे इस तरह कि शबों के राज़ मचल गए"

'मजरूह' का मन ग़ज़लों में अधिक रमा और ग़ज़लों ने ही उन्हें प्रसिद्धि दिलाई। हक़ीक़त यह है कि 'मजरूह' ने इस बात का हमेशा ध्यान रखा कि चुनिंदा ग़ज़लें और शेर ही मंजूरे-आम पर आएँ। वे जानते थे कि अच्छे शेरों के चुनाव करने से काव्य का मूल्याँकन करने वालों को आसानी होती है। फिर भी कभी-कभी उन्हें अपनी कम शेर कहने की आदत से शिकायत होती है—

"बहुत ही कम है तो ख़ाले-रुख़े-बहाराँ है
मेरी नवा को मिली है वो दाग़े-पैरहनी
मिले जो वक़्त नवा-संजी-ए-हज़ाराँ से
इधर भी देख तमाशा है मेरी कम-सुख़नी"

'मजरूह' ने अपने युग की तरक़्क़ी-पसंद तहरीक (प्रगतिशील लेखक संघ) के विरोध के बावजूद ग़ज़ल विधा को अपनी अभिव्यक्ति का साधन बनाया, न कि नज़्म का। इसका कारण यही था कि ग़ज़ल के शेर बड़ी आसानी से याद रखे जा सकते हैं। उनमें कहने वाली बात तीर की तरह निशाने पर लगती है। ग़ज़ल 'अमीर ख़ुसरो' से आज तक, हर युग में ज़माने से कुछ न कुछ अपने में जज़्ब करती आई है, और आज इतनी सशक्त हो चुकी है कि काव्य की सभी विधाओं में सब से आगे है। ग़ज़ल के कुछ शेर तो कहावत बन चुके है। अच्छे शेर कहने के लिए अभ्यास की आवश्यकता होती है। 'मजरूह' बड़े अभ्यास से शेर की परंपरागत भाषा को अपने उद्देश्य की अभिव्यक्ति के लिए उपयोग में लाते हैं।

केवल तरक़्क़ी-पसंद तहरीक ने ही ग़ज़ल विधा का विरोध नहीं किया था, बल्कि इस से पहले उर्दू के वरिष्ठ साहित्यकार व समीक्षक 'ख़्वाजा अल्ताफ़ हुसैन 'हाली' और 'मोहम्मद हुसैन' 'आज़ाद' भी ग़ज़ल के स्थान पर नज़्म को स्थापित करने की घोषणा और प्रयास कर चुके हैं। शिकायत यह थी कि कम शब्दों और

बहरों-छंदों की सीमा का बन्धन खुल कर कहने नहीं देता, जो देश की आज़ादी की प्राप्ति में बाधा ही बनेगा। 'अंदलीब शादानी', 'कलीमुददीन अहमद' और न जाने कितने साहित्य-समीक्षकों ने ग़ज़ल को ठुकराया, उस पर छींटाकशी की, उसे अनावश्यक और नाकाफ़ी बताया। जिन्होंने ग़ज़ल की हक़ीक़त से इंकार किया, उनके सामने 'अमीर', 'दाग़', 'जुरअत' आदि की अश्लीलता भरे शेर अवश्य ही होंगे—किंतु ग़ज़ल का दुरुपयोग करने वाले चंद नामों पर यह विधा टिकी हुई नहीं है।

हर युग में ग़ज़ल के मसीहाओं ने उसे नई ज़िंदगी बख़्शी। जिस समय 'मजरूह' उपनी ग़ज़लों की रचना कर रहे थे, 'हसरत मोहानी', 'असग़र गौंडवी', 'जिगर' मुरादाबादी, 'फ़ानी' बदायूनी और 'फ़िराक' अपना स्थान मनवा चुके थे। किंतु तरक़्क़ी-पसंदों (प्रगतिशील लेखकों) ने नए युग की आवश्यकताओं के लिए इसे अपर्याप्त साधन मानकर इसका विरोध किया था। 'जिगर' मुरादाबादी ने इस रुझान से निराश हो कर यहाँ तक कह दिया था।

> ''फ़िक्रे जमील, ख़्वाबे-परेशां है आजकल
> शायर नहीं है वो जो ग़ज़ल-ख़्वाँ है आज कल''

और 'जज़्बी' ने यों शिकायत की थी

> ''यहाँ है तूले-कलामी-ए नस्र का सिक्का
> यहाँ मेरे सुखन-ए-मुख़्तसर की क़ीमत क्या।''

ऐसे वातावरण की, जब चारों ओर ग़ज़ल-दुश्मनी फ़ैशन बन चुकी थी, 'मजरूह' ने भी शिकायत की है—

> ''सितम कि तेग़ो-क़लम दें उसे जो ऐ 'मजरूह'
> ग़ज़ल को क़त्ल करे, नग़्मे को शिकार करे''

1954

तरक़्क़ी पसंदों ने ग़ज़ल-विरोधी प्रॉपगेंडा जारी रखा था और इस संध के कवियों की ओर से ग़ज़ल के शेर बिल्कुल नहीं आ रहे थे, उस समय 'मजरूह' की प्रगतिशील ग़ज़लें आती रहीं—

> ''ये शौक़े-कामयाब, ये तुम, ये फ़िज़ा, ये रात
> कह दो तो आज रोक दूँ बढ़ कर सहर को मैं''

"हम क़फ़स सय्याद की रस्मे-ज़बाँ-बंदी की ख़ैर
बेज़बानों को भी अंदाज़े-कलाम आ ही गया"

"हम अपना मदावा ढूँढ चुके, दरियाओं में, सहराओं में
तुम भी जिसे तस्कीं दे न सके, वो दर्दे-जुनूँ कम क्या होगा"

"मुसर्रतों को ये अहले-हवस न खो देते
जो हर ख़ुशी में तेरे ग़म को भी समो देते"
और
"हादसे और भी गुज़रे तेरी उल्फ़त के सिवा
हाँ मुझे देख मुझे, अब मेरी तस्वीर न देख"

"तुझे न माने कोई तुझको इससे क्या 'मजरूह'
चल अपनी राह, भटकने दे नुक्ता-चीनों को।"

"आख़िर ग़मे-जानाँ को ऐ दिल, बढ़कर ग़मे-दौराँ होना था
इस क़तरे को बनना था दरिया, इस मौज को तूफ़ाँ होना था।"

"ज़िंदगी की क़द्र सीखी, शुक्रिया तेगे-सितम
हाँ हमीं थे कल तलक जीने से उकताए हुए।"

और भायखला जेल से लिखी हुई उनकी यह ग़ज़ल देखिए–

"दस्ते-मुनइम मेरी मेहनत का ख़रीदार सही
कोई दिन और मैं रुसवा सरे-बाज़ार सही"

"दिल से मिलती तो है इक राह कहीं से आकर
सोचता हूँ, ये तेरी राह-गुज़र है कि नहीं।"

1951

और फिर "हिंदुस्तान का दरवाज़ा अवामी चीन की तरफ़ खुलते देख कर" लिखी उनकी यह ग़ज़ल–

“आ ही जाएगी सहर मत्‌ला-ए-इम्काँ तो खुला
न सही बाबे-क़फ़स रौज़ने-ज़िंदाँ तो खुला”

1954

“अहले तूफ़ाँ आओ दिल वालों का अफ़साना कहें
मौज को गेसू, भँवर को चश्मे-जानाना कहें।”

1985

“ये हुक्म है, रहे मुट्ठी में बंद सैले-नसीम
ये ज़िद है बहरे-तपाँ कूज़ा-ए-कुहन में रहे।”

1959

“वो जिसपे तुम्हें शमए-सरे-रह का गुमाँ है
वो शोला-ए-आवारा हमारी ही ज़ुबाँ है।”

1960

“कुछ भी दामन में नहीं ख़ारे-मलामत के सिवा
ऐ जूनूँ हम भी किसे कू-ए-बहाराँ समझे।”

1962

“वो तो कहीं है और मगर दिल के आसपास
फिरती है कोई शै निगह-ए-यार की तरह।”

1963

“रोक सकता हमें ज़िंदाने-बला क्या ‘मजरूह’
हम तो आवाज़ हैं दीवार से छन जाते है।”

1973

“हम भी हमेशा क़त्ल हुए और तुमने भी देखा दूर से लेकिन
ये न समझना हम को हुआ है जान का नुक्साँ तुम से ज़ियादा।”

1980

"मेरे ही संगो-ख़िश्त से तामीर बामो-दर
मेरे ही घर को शहर में शामिल कहा न जाए।"

1981

'मजरूह' अपनी तरक़्क़ी-पसंद (प्रगतिशील) शायरी के पहले दौर में बहुत से प्रगतिशील कवियों की भाँति नारे-बाज़ी से नहीं चूकते, जैसे–

"लाल फरेरा इस दुनिया में सब का सहारा हो के रहेगा
होके रहेगी धरती अपनी, देश हमारा होके रहेगा।"

अमन का झण्डा इस धरती पर किसने कहा लहराने न पाए
ये भी कोई हिटलर का है चेला मार ले साथी जाने न पाए।"

ये शेर अवसर (context) के लिहाज़ से महत्वपूर्ण अवश्य हैं किंतु विषय के लिहाज़ से इनमें ऊँचे पाए का तग़ज़्ज़ुल नहीं है। यह उनका असली रंग है भी नहीं। उनकी इस प्रकार की शायरी के आधार पर उनके काव्य का मूल्याँकन करना उचित नहीं।

तरक़्क़ी पसंद तहरीक (प्रगतिशील लेखन) के दूसरे दौर में रूमानियत और इन्क़लाब का संगम है। आमतौर पर प्रगतिशील ग़ज़ल का रंग इसी को माना जाता है। –फ़ैज़, मख़्दूम, जज़्बी, 'मजाज़', आदि प्रगतिशील शायरों ने इसी प्रकार की ग़ज़लें कही।

'मजरूह' के अतिरिक्त अन्य शायरों का भी परंपरा से रिश्ता मिलता है। एक युग के और एक संघ से जुड़े हुए होने की वजह से उनकी भाषा और शैली मिलते जुलते हैं, बिंब, प्रतीक, रूपवादी में समानता है, किंतु 'मजरूह' की ग़ज़ल में इन्क़लाबी लहजा इतनी शिद्दत और उनके व्यक्तित्व की गहरी छाप के साथ झलकता है और किसी के यहाँ नहीं। कारण यह भी है कि 'फ़ैज़' 'मख़्दूम' 'मजाज़' और 'जज़्बी' को ग़ज़ल से वह जज़्बाती सम्बन्ध नहीं था, उनको तो नज़्म प्रिय थी और वे उसी के दूत भी थे।

'मजरूह' इन सबसे कहीं आगे थे। वे परंपरा में बंधे हुए होते भी अपनी पहचान का ऊँची आवाज़ में दावा करने वाले थे क्योंकि बुनियादी तौर पर वे दूसरों से हटकर सिर्फ़ ग़ज़ल के शायर थे और नज़्में उन्होंने बहुत ही कम कही थीं।

'मजरूह'–

"मुसर्रत हो कि ग़म, सब से गुज़रता जा रहा हूँ मैं
ग़मे-दौराँ सलामत अब सुधरता जा रहा हूँ मैं।"

"निगाहे-साक़ी-ए-नामेहरबाँ ये क्या जाने
कि टूट जाते हैं खुद दिल के साथ पैमाने।"

'मजरूह' की शायरी का अंदाज़ संबोधनात्मक है और प्रायः बेबाकी लिए हुए भी, जो 'फ़ैज़' के लहजे के बिल्कुल विपरीत है। फ़ैज़ के संबोधनात्मक शेरों में भी एक नर्मी है–

"आ निकल के मैदां में दो-रुख़ी के ख़ाने से
काम चल नहीं सकता अब किसी बहाने से।"

"जिस हाथ में है तेग़े-जफ़ा उसका नाम लो
'मजरूह' के तो साए को क़ातिल कहा न जाए।"

उनमें विशेष प्रकार का आत्म-विश्वास नज़र आता है–

"फ़साना जब कहा औरों की तरह क्यों 'मजरूह'
मज़ा तो जब है कि जो कहिए बरमला कहिए।"

"मेरे अहद में नहीं है ये निशाने-सर-बुलंदी
ये रंगे हुए अमामे, ये झुकी-झुकी कुलाहें"

'मजरूह' श्रमिकों का सम्मान करना जानते थे। मज़दूरों-किसानों का समर्थन करते हुए वे कहते हैं कि अत्याचार से डर कर चुप रहना कायरता है मज़दूरों का मार्ग-दर्शन करते हुए 'मजरूह' ने उर्दू ग़ज़ल को 'कारख़ाना', 'मेहनत-कश', 'जौ का दाना' जैसे जीवन से जुड़े शब्द दिए–

"सर पर हवा-ए-ज़ुल्म चले सौ जतन के साथ
अपनी कुलाह कज है उसी बाँकपन के साथ।"

"जला के मश्अले-जाँ हम जुनूँ-सिफ़ात चले
जो घर को आग लगाए हमारे साथ चले।"

"दस्ते-मुन्इम मेरी मेहनत का ख़रीदार सही
कोई दिन और मैं रुस्वा सरे-बाजार सही।"

"मैं कि एक मेहनत-कश मैं कि तीरगी-दुश्मन
सुब्हे-नौ इबारत है मेरे मुस्कुराने से।"

'मजरूह' ने इस पीड़ा को दुख-दर्द सहने की ओर विरोधी शक्तियों से लड़ने का हौसला पाने का ज़रिया बनाया।

"शबे-ज़ुल्म नर्ग़ा-ए-राहज़न से पुकारता है कोई मुझे
मैं फ़राज़े-दार से देख लूँ कहीं कारख़ाने-सहर न हो।"
"हो तेग़-असर ज़ंजीर-क़दम फिर भी हैं नक़ीबे-मंज़िल हम
ज़ख़्मों से चिराग़े-राह-गुज़र बैठे हैं जलाए ज़िंदाँ में।"

परंपरागत इश्क़िया शाएरी की मस्ती और वफ़ा उनके यहाँ भी कम नहीं किंतु इनमें अश्लीलता का नाम नहीं—

"वो लजाए मेरे सवाल पर कि उठा सके न झुका के सर
उड़ी ज़ुल्फ़ चेहरे पे इस तरह कि शबों के राज़ मचल गए।"

"उनसे बिछड़े हुए 'मजरूह' ज़माना गुज़रा
अब भी होंटों में वही गर्मी-ए-रुख़्सार सही"

उनका प्रिय काल्पनिक नहीं—

"जन्नत-ब-निगह, तस्नीम-ब-लब, अंदाज़ उसके ऐ शेख़ न पूछ
मैं जिस से मोहब्बत करता हूँ, इंसाँ है, ख़याली हूर नहीं।"

"मजरूह सुल्तानपुरी की फ़िल्मी शायरी"

'मजरूह' सुल्तानपुरी ने 55 वर्षों तक फिल्म-नगरी में गीतकार के रूप में बड़ी आन-बान के साथ क़दम जमाए रखा, यह अपने आप में एक बहुत बड़ी उपलब्धि है। सन् 1945 से सन् 2000 तक उन्होंने लगभग साढ़े चार हज़ार गीत लिखे। सार्थक शायरी और संगीत के ज्ञान ने उनके गीतों को फ़िल्मों की सफलता की ज़तनत बना दिया था। 1998 में जब उन्हें 'दादा साहब फालके पुरस्कार' से सम्मानित किया गया, तो स्वयं 'मजरूह' ने ही नहीं, लोगों को महसूस हुआ कि 30-35 वर्ष पहले ही उन्हें यह पुरस्कार मिल जाना चाहिए था।

'मजरूह' की उर्दू शायरी को भी बड़ा मान-सम्मान मिला। ख़ुद वे अपनी साहित्यिक काव्य को अधिक अहमियत देते थे। उन्हें अपने साहित्यिक योगदान के लिए 'वली एवार्ड', 'ग़ालिब सम्मान' और 'ज्ञानपीठ पुरस्कार' से भी नवाज़ा गया। वे 'तरक़्क़ी पसंद तहरीक' (प्रगतिशील लेखक संघ) के सशक्त स्तम्भ माने जाते हैं। वास्तव में उन्हें 'तरक़्क़ी पसंद तहरीक ग़ज़ल' का प्रवर्तक कहा जा सकता है। कुछ समीक्षक 'फ़ैज़ अहमद फ़ैज़' को इसका श्रेय देते हैं, किंतु सत्य तो यह है कि भारत में 'फ़ैज़' की इस प्रकार की ग़ज़लें 'मजरूह' की ग़ज़लों के छः-सात वर्ष बाद ही आई। 'मजरूह' के बहुत से साहित्यिक शेर आज लोगों की ज़बानों पर हैं, जिन्हें वे कवि का नाम जाने बिना भी अपनी बात को असरदार बनाने के लिए प्रस्तुत कर लेते हैं। जैसे–

"मैं अकेला ही चला था जानिबे-मंज़िल मगर
लोग साथ आते गए और कारवाँ बनता गया"

"अब सोचते हैं लाएँगे तुझसा कहाँ से हम
उठने को उठ तो आए तेरे आस्ताँ से हम"

"जफ़ा के नाम पे तुम क्यों सँभल के बैठ गए
तुम्हारी बात नहीं बात है ज़माने की"

"मुझे सहल हो गई मंज़िलें वो हवा के रुख़ भी बदल गए
तेरा हाथ में आ गया कि चिराग़ राह में जल गए"

आदि।

फ़िल्म-नगरी में 'मजरूह' का अविर्भाव कुछ इस प्रकार हुआ कि 'जिगर मुरादाबादी' जिनको फ़िल्म-निर्माता ए.आर. कारदार ने अपनी फिल्म 'शाहजहाँ' के लिए साइन किया था, को किसी कारणवश साइनिंग अमाउंट लौटाना पड़ा। उन्हीं दिनों मुंबई के एक मुशाएरे में कारदार ने 'मजरूह' को सुना। वे इस फ़िल्म के लिए किसी उर्दू शायर की तलाश में थे। उन्होंने 'जिगर' से सिफ़ारिश करवा के 'मजरूह' को 'शाहजहाँ' के गीत लिखने के लिए राज़ी कर लिया। उन्हें इसके लिए राज़ी होना पड़ा क्योंकि उनके पास आजीविका का कोई साधन नहीं था। हकीम होते हुए भी उन्होंने इसे पेशे के रूप में अपनाना पसंद नहीं किया। इस प्रकार 'शाहजहाँ' के सुपर हिट गीतों के साथ उनका फ़िल्म इंडस्टी में पदार्पण हुआ :

"ग़म दिए मुस्तक़िल, कितना नाज़ुक है दिल, ये न जाना
हाए हाए ये ज़ालिम ज़माना।"

फ़िल्म इंडस्टी के लगभग सभी बड़े निर्माताओं, निर्देशकों के साथ उन्होंने काम किया जैसे 'कमाल अमरोही' (फिल्म 'दायरा'), 'गुरुदत्त', 'ओ.पी. नैयर', नासिर हुसेन (तुम सा नहीं देखा) एस डी बरमन, आर डी बरमन, लक्ष्मीकांत प्यारे लाल (पारस मणी, दोस्ती) आनंद मिलिंद आदि। इसके अतिरिक्त उन्होंने राजेश रोशन को परिचित करवाया, जतिन ललित को नया जीवन दिया।

'मजरूह' ने कई फ़ारसी शब्दों से फ़िल्मी गीतों को परिचित करवाया। उर्दू शाएरी में प्रयुक्त लगभग 18 से 20 शब्द जैसे—'बंदा-नवाज़', 'वल्लाह', ख़ादिम, दिलबर, दिलरुबा, सनम आदि शब्द आज उनके कारण इतने लोकप्रिय हो चुके हैं कि सभी गीतकार उनका प्रयोग करते रहते हैं।

'मजरूह' को 'रोमानी-कॉमुदी' (Romantic-comedy) के रुझान को फ़िल्मों में लाने का श्रेय भी प्राप्त है, जैसे—

"माना जनाब ने पुकारा नहीं"—"पेइंग-गेस्ट"

उस ज़माने में ऐसी अफ़वाह रही थी कि दो गाने सफल नहीं होते, परंतु 'मजरूह' ने इसे ग़लत साबित कर दिया। 'एस.डी. बरमन' के साथ काम करते हुए फ़िल्म 'पेइंग-गेस्ट', 'नौ दो ग्यारह', और 'काला पानी' आदि में कुछ ऐसे लोकप्रिय दो गाने लिखे–

'हाल कैसा है जनाब का'

या

'आँखों में क्या जी' –''नौ दो ग्यारह''....आदि

अब 'मजरूह' एक ऐसा चमकता सितारा बन चुके थे, जिसके प्रकाश से दूसरों के नाम रौशन होते है। ऐसा विशेषकर उनके साथ होता, जिनके दरवाज़े पर शोहरत ने अभी दस्तक नहीं दी थी। उन्होंने 'मजरूह' के गीतों को सुरों में ढालकर, ख़ूब शोहरत पाई, जैसे 'ओ.पी.नैयर', 'ख़ैयाम' ('शामे-ग़म की क़सम आज ग़मगीं हैं हम'–फ़िल्म : फुट-पाथ), आर.डी.बरमन, लक्ष्मीकांत प्यारेलाल, एस.मदन (बटवारा), और चित्रगुप्त, जो उन दिनों धार्मिक और कॉस्टयूम फ़िल्मों के लिए संगीत दिया करते थे।

'मजरूह' ने **भोजपुरी** फिल्मों के लिए भी गीत लिखे। संगीतकार 'चित्रगुप्त' के संगीत निर्देशन में उनके लिखे भोजपुरी गीत बहुत बड़े हिट हुए, जैसे–

'महवा से बोला कनखवा न मारा'

या

'हमरो कलैया सुकवार हो'

और

'लाल लाल ओठवा से बरसे ललैया के रस चूएला'

(आवाज़ : लता मंगेशकर और तलत महमूद),

'मजरूह' 5 दशकों तक फ़िल्मों में रहे, और जीवन के अंतिम दिनों तक वे फ़िल्मों के लिए लिखते रहे, केवल 'भरत व्यास' ही उनसे पहले आए थे। कारण यही था कि उन्होंने फिल्म गीतकार के रूप में अपना आकर्षण कभी खोया नहीं था। वरना अधिकांश गीतकारों की माँग एक ख़ास समय तक ही और एक ख़ास रुझान के चलने तक ही अधिक रहती है। 'मजरूह' की पकड़ फ़िल्म इंडस्ट्री के इस रुझान पर हमेशा रही, और उन्होंने बदलते रुझानों के साथ अपने लिखने के अंदाज़, लहजे और शब्दों को जनता की माँग और पसंद के अनुसार बदला।

'मजरूह' का नाम फ़िल्म इंडस्ट्री के महान गीतकारों में गिना जाता है। इसका एक कारण यह भी है कि मानव मनोविज्ञान पर उनकी पकड़ अद्भुत है। मानव प्रकृति और त्योहार का वे एक निरीक्षक की नज़र से जाएज़ा लेते।

जिस पात्र पर गीत फ़िल्माया जाना था, गीत लिखते समय वे स्वयं को वही कल्पित कर लेते, उसी की तरह सोचते और फिर लिखते। उन्होंने हर क़िस्म के गीत लिखे हैं, फिर चाहे वह डिस्को हो ('ज़माने को दिखाना है'—हथकड़ी, 'तीसरी क़सम के यादगार गीत आदि), ग़ज़लें—

('हम हैं राही प्यार के, हम से कुछ न बोलिए'—''नौ दो ग्यारह'')
('कोई हमदम न रहा, कोई सहारा न रहा'—''झुमरू'')

या लोकगीत :

'सुन मेरे बंधु रे, सुन मेरे मितवा'—''सुजाता''
'ठाड़े रहियो ओ बाँके यार रे'—''पाकीज़ा''

लोरी और बच्चों के लिए गाए जाने वाले गीत—

('मेरी लाडली, बनी है, तारों की तू रानी'—''अंदाज़'')

हों। उन्होंने हर मूड के लिए गीत लिखे, वे भावात्मक हों, दार्शनिक :

(राही मनुआ दुख की चिंता क्यों सताती है, दुख तो अपन्रा साथी है।—दोस्ती),

उन्होंने हर अवसर के लिए गीत लिखे; वे बिदाई के हो, जन्मदिन के, हल्के-फुल्के कॉमुदी के :

''ऐ दिल-मुश्किल है जीना यहाँ
ज़रा हटके ज़रा बचके ये है बंबई मेरी जाँ''
—'जो जीता, वही सिकन्दर'
—'सी आई डी'

या प्रेम और सौंदर्य के :

''हमें तुम से प्यार कितना, ये हम नहीं जानते
मगर जी नहीं सकते तुम्हारे बिना''

—'कुदरत'।

''अब क्या मिसाल दूँ मैं तुम्हारे शबाब की
इंसान बन गई है किरन आफ़ताब की''

—'आरती'

इस ज़माने में जबकि अधिकांश निर्माता, निर्देशक ओर संगीतकार शब्द-सौंदर्य और अर्थ-सौंदर्य के महत्व को नहीं समझते, 'मजरूह' अपना ख़ूने-जिगर शब्दों की रचना में सर्फ़ कर देते थे।

'पहला नशा पहला ख़ुमार'

'मजरूह' के कुछ गीत उनके रंग, अंदाज को प्रतिबिंबित नहीं करते।

'सुन जिनिया अरे जा'...'जिनी और जानी'

श्रोताओं को उन्हें इसके लिए क्षमा करना होगा, रोज़ी-रोटी के चक्कर में फ़िल्मी कवि को किसी हद तक इस प्रकार के समझौते करने पड़ जाते हैं। 81 वर्ष की आयु में भी वे अपने परिवार के आय के मुख्य साधन थे।

यह भी एक हक़ीक़त है कि उनके अधिकांश गीत लोकप्रिय रहे, चाहे फ़िल्म फ़्लॉप ही क्यों न रही हो।

अनुक्रम

मजरूह सुल्तानपुरी के फ़िल्मी नग़्में

इन्तिसाब

फ़िरदौस[1] के नाम

“मेरे जुनूँ[2] की महक[3] तेरे पैरहन[4] में रहे”
बहुत ही कम है तो खाले-रूखे-बहारों[5] है
मेरी नवा[6] को मिली है वो दाग़े-पैरहनी[7]
मिले जो वक़्त नवा-सन्जी-ए-हज़ाराँ[8] से
इसे भी देख तमाशा है मेरी कम-सुख़नी[9]।

---

1. मजरूह की पत्नी, 2. प्रेम-उन्माद, 3. सुगंध लिबास, वस्त्र, 4. पागलपन, 5. वसंत ऋतु के गाल के तिल, 6. वाणी, 7. वस्त्र के धब्बे, 8. बुलबुले (हजारों) के गीत सुनने से, 9. कम बोलना

1

कोई आतिश-दर-सुबू[1] शो'ला-ब-जाम[2] आ ही गया
आफ़ताब[3] आ ही गया, माहे-तमाम[4] आ ही गया

मोहतसिब[5]! साक़ी की चश्मे-नीम-वा[6] को क्या करूँ
मैकदे का[7] दर[8] खुला गर्दिश में जाम आ ही गया

इक सितमगर तू कि वजहे-सद ख़राबी[9] तेरा दर्द
इक बलाकश[12] मैं कि तेरा दर्द काम आ ही गया

हम-क़फ़स[11] ! सय्याद की[12] रस्मे-ज़बां-बंदी[13] की ख़ैर
बेज़बानों को भी अंदाज़े-कलाम[14] आ ही गया

क्यों कहूंगा मैं किसी से तेरे ग़म की दास्ताँ
और अगर ऐ दोस्त लब पर[15] तेरा नाम आ ही गया

आख़िरश[16], 'मजरूह' के बे-रंग रोज़ो-शब में वो
सुबहे-आ़रिज़ पर[17] लिये जुल्फ़ों की शाम आ ही गया

---

1. शराब के मटके में आग लिये 2. प्याले में शोले लिये 3. सूरज 4. पूरा चाँद 5. रसाध्यक्ष 6. अध-खुली आँख 7. शराबख़ाने का 8. दरवाज़ा 9. सैकड़ों ख़राबियों का कारण 10. बेतहाशा पीने वाला 11. एक ही पिंजरे में साथ रहने वाला साथी 12. शिकारी की 13. ज़बान बंद रखने की रीति 14. बोलने का ढंग 15. होंठों पर 16. अंततः 17. कपोलों के प्रभात पर

2

पिंदारे-तमन्ना[1] टूट के भी दिल का कोई आलम[2] क्या होगा
जो ताबे-सुकूँ[3] तक ला न सके वो दर्दे-मुजस्सम[4] क्या होगा।

हम अपना मदावा[5] ढूँढ चुके, दरियाओं में सहराओं[6] में
तुम भी जिसे तस्कीं[7] दे न सके, वो दर्दे-जुनूँ[8] कम क्या होगा।

गो ख़ाके-नशेमन[9] पर अब भी हैं गिरया-कुनाँ[10] अरबाबे-चमन[11]
जब बर्क़[12] तड़प कर उठी थी, उस वक़्त का आलम[13] क्या होगा।

जिस शोख़-नज़र[14] की महफ़िल में आँसू भी तबस्सुम[15] बन जाए
वां शमा जलाई जाएगी, परवाने[16] का मातम[17] क्या होगा।

अब अपनी नज़र है बेमानी[18], मफ़हूम[19] तमाशा कुछ भी नहीं
जब इश्क़ भी था कुछ चीं-ब-जबीं[20] अब हुस्न भी बरहम[22] क्या होगा।

'मजरूह' मेरे अरमानों का अन्जाम[23] शिकस्ते-दिल[24] ही सही
जी खोल के ख़ुद पे हँस न सकूँ, इतना भी मुझे ग़म क्या होगा।

—1943

---

1. आकांक्षा की लाज, इच्छा का भरम, 2. हालत, 3. सुकून और संतोष को सहन करने की शाकत, 4. साक्षात दुःख, दुःख का मूर्तिमान होना, 5. इलाज, 6. मरूस्थलों, 7. तसल्ली, 8. पागलपन या प्रेम की पीड़ा, 9. घोंसले या देश की मिट्टी, 10. रोना, 11. चमन के मित्र या साथी, 12. बिजली, 13. अवस्था, हालत, 14. चँचल दृष्ट वाली, 15. मुस्कान, 16. पतंगा, 17. शोक, 18. निरर्थक, 19. अर्थ, 20. माथे पर बल पड़ना, 21. सौंदर्य, प्रिय, 22. भड़क जाना, चिड़ जाना, 23. परिणाम, 24. टूटा हुआ दिल

इस ग़ज़ल के इस शेर को 'मजरूह' ने अपने ग़ज़ल-संग्रह में शामिल नहीं किया था।

अगुश्त-बदन्दाँ[1] हो कोई या आग लगी हो महफ़िल में
वो उन की नज़र ये अपना[2] जुनूँ अब बज़्म[3] का आलम[4] क्या होगा।

1943

1. दाँतों में उगली दबाए, 2. उन्माद, 3. महफिल, सभा, 4. हालत, वातावरण

3

सितम[1] को सर-निगूँ[2], ज़ालिम[3] को रुसवा[4] हम भी देखेंगे
चल ऐ अज़्मे-बग़ावत[5] चल, तमाशा हम भी देखेंगे

अभी तक तो फ़क़त[6] अन्जाम ही देखा मुहब्बत का
कहाँ है दौरे-आग़ाज़े-तमन्ना[7] हम भी दखेंगे।

पिला कर खूने-दिल[8] गेती को ऐ शौक़े-चमन-बंदी[9]
कफ़े-हर-गुँचा[10] में तक़दीरे-सहरा[11] हम भी दखेंगे

फ़िज़ा-ए-एशिया[12] पर ये घटा है जंग[13] की साक़ी[14]
बहार आई तो सू-ए-जामो-मीना[15] हम भी देखेंगे

अभी तो फ़िक्र[16] कर इन दिल से नाज़ुक आबगीनों[17] की
ब-फ़ैज़े-अम्न फिर साग़र[19] में दरिया हम भी दखेंगे

निगारे-चीं[20] का घायल तोड़ता है दम सरे-मक़तल[21]
बचाले आके एजाज़े-मसीहा[22], हम भी देखेंगे

जबीं[23] पर ताजे-ज़र[24] पहलू[25] में ज़िंदाँ[26], बैंक छाती पर
उठेगा बेकफ़न[27] जब ये जनाज़ा[26] हम भी देखेंगे

1943

---

1. अत्याचार, 2. झुका सर, लज्जित, 3. अत्याचारी, 4. बदनाम, 5. बग़ावत का निश्चय, 6. सिर्फ़, 7. आकांक्षा का आरंभ, 8. दुनिया, 9. उपवन बनाने का शौक़, 10. कफ़=हथेली, गुँचा=कली। हर कली की हथेली में, 11. मरुस्थल या रेगिस्तान का भाग्य, 12. एशिया का वातावरण, 13. युद्ध, 14. मधुबाला, शराब पिलानेवाली, 15. शराब के प्याले जाम और सुराही मीना की ओर 16. चिंता, 17. कांच के बने हुए, 18. शांति और अमन के सौजन्य से, 19. शराब का प्याला, 20. चीन की कला का प्रिय, 21. क़त्ल करने की जगह, वधस्थल के सामने, 22. मसीहा का कमाल, 23. माथा, 24. सोने का ताज, 25. बाज़ू, 26. जेल, कारागार, 27. बिना कफ़न के, 28. मैयूयत, आर्थी।

4

वो जो मुँह फेर कर गुज़र जाए
हश्र[1] का भी नशा उतर जाए

अब तो ले ले ये ज़िंदगी यारब
क्यों ये तोहमत[2] भी अपने सर जाए

आज उठी इस तरह निगाहे-करम[3]
जैसे शबनम[4] से फूल भर जाए

अजनबी रात, अजनबी दुनिया
तेरा मजरूह[5] अब किधर जाए

1. क़यामत, संसार का अंतिम दिवस, 2. आरोप, 3. कृपा-दृष्टि, 4. ओस-कण, 5. घायल

5

ये रुके-रुके से आँसू, ये दबी-दबी सी आहें
यूँ ही कब तलक[1] ख़ुदाया[2], ग़मे-ज़िंदगी निबाहें

कहीं ज़ुल्मतों[3] में घिरकर है तलाशे-दस्ते-रहबर[4]
कहीं जगमगा उठी हैं मेरे नक़्शे-पा[5] से राहे

तेरे ख़ान्माँ-ख़राबों[6] का चमन कोई, न सहरा[7]
ये जहाँ भी बैठ जाएँ, वहीं इनकी बारगाहें[8]

कभी जादा-ए-तलब[9] से जा फिरा हूँ दिल-शिकस्ता[10]
तेरी आरज़ू ने हँस कर वहीं डाल दी हैं बाँहें

मेरे अहद[11] में नहीं है, ये निशाने-सरबुलंदी[12]
ये रंगे हुए अमामे[13], ये झुकी झुकी कुलाहें[14]

1949

---

1. तक, 2. ऐ खुदा, 3. अंधेरों, 4. मार्गदर्शन के साथ या सहारे की तलाश, 5. चरण-चिन्हों, 6. बेघरों, 7. मरुस्थल, 8. शाही महल, 9. प्रेम-मार्ग, 10. टूटा हृदय, 11. युग, 12. उच्चता या बड़प्पन की निशानी, 13. पगड़ियाँ, 14. टोपियाँ

6

मुसर्रतों[1] को ये अहले-हवस[2] न खो देते
जो हर ख़ुशी में तेरे ग़म को भी समो देते

कहाँ वो शब[3] कि तेरे गेसुओं[4] के साए में
ख़याले-सुबह से हम आस्तीं भिगो देते

बहाने और भी होते जो ज़िंदगी के लिए
हम एक बार तेरी आरज़ू भी खो देते

बचा लिया मुझे तूफ़ाँ की मौज[5] ने वरना
किनारे वाले सफ़ीना[6] मेरा डुबो देते

जो देखते मेरी नज़रों पे बंदिशों के सितम[7]
तो ये नज़ारे मेरी बेबसी पे रो देते

कभी तो यों भी उमड़ते सरश्के-ग़म[8] 'मजरूह'
कि मेरे ज़ख़्मे-तमन्ना[9] के दाग़ धो देते

1944

---

1. ख़ुशियों, 2. लोलुप, इच्छा को बहुत अधिक बढ़ा लेने वाले, 3. रात, 4. केशों, 5. लहर, 6. नाव, 7. बंधनों के अत्याचार, 8. ग़म के आँसू, 9. आकांक्षा का घाव।

7

किस-किस को हाय तेरे तग़ाफ़ुल[1] का दूँ जवाब
अक्सर तो रह गया हूँ झुका कर नज़र[2] को मैं।

अल्लाह रे वो आलमे-रुख़्सत[3] कि देर तक
तकता रहा हूँ यूँ ही तेरी रहगुज़र[4] को मैं

ये शौक़े-कामयाब[5], ये तुम, ये फ़िज़ा[6] ये रात
कह दो तो आज रोक दूँ बढ़ कर सहर[7] को मैं।

1945

---

1. बेपरवाही, 2. दृष्टि, 3. बिदाई की हालत : आलम=हालत, रुख़्सत=बिदाई, 4. गुज़रनेवाला मार्ग, जिस मार्ग से तू गुज़र गया, 5. इच्छाओं (शौक़) की सफलता, 6. वातावरण, 7. प्रभात

8

ख़त्म शोरे-तूफ़ाँ[1] था, दूर थी सियाही[2] भी
दम[3] के दम में अफ़साना[4] थी मेरी तबाही भी

इल्तेफ़ात[5] समझूँ या बेरुख़ी[6] कहूँ इस को
रह गई ख़लिश[7] बनकर, उसकी कम-निगाही[8] भी

उस नज़र के उठने में, उस नज़र के झुकने में
नग़्मा-ए-सहर[9] भी है, आहे-सुबह-गाही[10] भी

याद कर, वो दिन जिस दिन तेरी सख़्त-गीरी[11] पर,
अश्क[12] भर के उट्ठी थी मेरी बेगुनाही भी

पस्ती-ए-ज़मीं[13] से है रफ़अते[14]-फ़लक[15] क़ायम
मेरी ख़स्ता-हाली[16] से तेरी कज-कुलाही[17] भी

शमअ भी उजाला भी मैं ही अपनी मेहफ़िल का
मैं ही अपनी मंज़िल का राहबर[18] भी राही भी

गुंबदों[19] से पलटी है अपनी ही सदा[20] 'मजरूह'
मस्जिदों में की मैंने जाके दाद-ख़्वाही[21] भी

1945

1. आंधी का शोर (मन के भीतर की), 2. अंधकार, कालापन, 3. क्षणों में, 4. कहानी, 5. कृपा, 6. विमुखता, 7. तपन, खटक, चुभन, 8. अल्प दृष्ट, 9. प्रभात गीत, 10. सुबह के समय की आह, 11. सख़्ती, 12. आँसू, 13. धरती के नीचेपन, 14. आकाश का ऊँचापन, 15. बनी हुई, 16. दरिद्रता, 17. टेढ़ी टोपी (ताज, शाही ठाठ), 18. पथ-प्रदर्शक, 19. गुंबज, 20. आवाज़, 21. प्रार्थना, न्याय पाने या पूछे जाने की इच्छा करना।

9

निगाहे-साक़ी-ए-नामेहरबाँ[1] ये क्या जाने
कि टूट जाते हैं ख़ुद दिल के साथ पैमाने[2]

मिली जब उनसे नज़र, बस रहा था एक जहाँ[3]
हटी निगाह तो चारों तरफ़ थे वीराने

हयात[4] लग़ज़िश-ए-पैहम[5] का नाम है साक़ी
लबों से जाम लगा भी सकूँ ख़ुदा जाने

वो तक रहे थे, हमीं हँस के पी गए आँसू
वो सुन रहे थे, हमीं कह सके न अफ़साने[6]

तबस्सुमों[7] ने निखारा है कुछ तो साक़ी[8] के
कुछ अहले-दिल[9] के सँवारे हुए हैं मैख़ाने

ये आग और नहीं दिल की आग है नादाँ
चराग हो कि न हो जल-बुझेंगे परवाने

फ़रेबे-साक़ी-ए-मेहफ़िल[10] न पूछिए 'मजरूह'
शराब एक है, बदले हुए हैं पैमाने

1945

---

1. अकृपालु साक़ी की नज़र, 2. शराब का पात्र, प्याला, 3. जहान, संसार, 4. जीवन, 5. निरंतर भूल, लहखडाहट, 6. कथाएँ, 7. मधुबाला-शराब पिलाने वाली मुस्कराहटों ने, 8. दिलवालों के, 9. महफिल के साकी का छल

10

मुझे सहल[1] हो गईं मंज़िलें, वो हवा के रुख़ भी बदल गए
तेरा हाथ हाथ में आ गया, कि चिराग़ राह में जल गए

वो लजाए मेरे सवाल पर, कि उठा सके न झुका के सर
उड़ी ज़ुल्फ़[2] चेहरे पे इस क़दर के शबों[3] के राज़[4] मचल गए

वही बात जो न वो कह सके, मेरे शेरो-नग़्मे[5] में आ गई
वही लब[6] न मैं जिन्हें छू सका, क़दहे-शराब[7] में ढल गए

वही आस्ताँ[8] है, वही जबीं[9], वही अश्क[10] हैं, वही आस्तीं[11]
दिले-ज़ार[12] तू भी बदल कहीं कि जहाँ के तौर[13] बदल गए

तुझे चश्मे-मस्त[14] पता भी है कि शबाब गर्मी-ए-बज़्म[16] है
तुझे चश्मे-मस्त खबर भी है कि सब आबगीने[17] पिघल गए

मेरे काम आ गई आख़िरश[18] यही काविशें[19], यही गर्दिशें[20] !
बढ़ीं इस क़दर[21] मेरी मंज़िलें कि क़दम[22] के ख़ार[23] निकल गए

1946

1. सरल, 2. बालों की लट, 3. रातों, 4. भेद, 5. कविता का पंक्तियाँ और गीत, 6. होंठ, 7. शराब के प्याले में, 8. चौखट, 9. माथा, 10. आँसू, 11. आस्तीन, 12. रोता हुआ दुखी दिल, 13. तरीके, रीतियों, 14. मस्त आँख, 15. यौवन, 16. महफिल की गर्मी, जान, 17. काँच के प्याले, 18. अंततः, 19. प्रयत्न, 20. चक्कर, 21. इतनी अधिक, 22. पाँव के, 23. काँटे

* शेर जिन्हें 'मजरूह' ने अपने ग़ज़ल संग्रह में शामिल नहीं किया।

ये न पूछ 'हाले-वतन'[1] है क्या, रहो-रस्मे-अहले-चमन[2] है क्या
कभी गुल[3] से और बढ़ा जुनूँ[4], कभी खार[5] ही से बहल गए।

उठे खुद अवाम[6] लिए निशाँ, न उठाओ तुम ग़मे-कारवाँ[7]
लो सलाम रहबरे-मेहरबाँ[8], जो गिरे थे गिर के सँभल गए।

1. देश की हालत, 2. उपवन के वासियों के मिलने-जुलने से रीति-रिवाज, 3. फूल, 4. उन्माद 5. काँटों, 6. जनता, 7. कारवाँ (यात्रिदल) का दुःख, 8. कृपालु मार्गदर्शक।

11

आहे-जां-सोज़[1] की महरूमी-ए-तासीर[2] न देख
हो ही जाएगी कोई जीने की तद्बीर[3] न देख

हादसे[4] और भी गुज़रे तेरी उल्फ़त[5] के सिवा
हाँ मुझे देख मुझे, अब मेरी तस्वीर न देख

यह ज़रा दूर पे मंज़िल, यह उजाला, यह सुकूँ[6],
ख़्वाब[7] को देख अभी ख़्वाब की ताबीर[8] न देख

देख ज़िंदाँ[9] से परे रंगे-चमन, जोशे-बहार
रक़्स[10] करना है तो फिर पाँव की ज़ंजीर न देख

कुछ भी हूँ फिर भी दुखे दिल की सदा[11] हूँ नादाँ[12]
मेरी बातों को समझ, तल्ख़ी-ए-तक़रीर[13] न देख

वही 'मजरूह', वही शायरे-आवारा-मिज़ाज[14]
कौन उट्ठा है तेरी बज़्म[15] से दिलगीर[16] न देख

1946

---

1. जान को जला डालने वाली आह, 2. प्रभाव की विफलता, 3. युक्ति, 4. दुर्घटनाएँ, 5. प्रेम, 6. शांति, 7. सपना, 8. स्वप्न-फल, 9. कारागार, 10. नृत्य, 11. आवाज़, 12. ऐ नासमझ, 13. तल्ख़ी=कडुवाहट, तक़रीर=भाषण, बोल : वचन की कटुता, 14. आवारा स्वभाव का शायर, 15. महफ़िल, 16. दुःखी

इसी ग़ज़ल का वह शेर जिसे 'मजरूह' ने अपने काव्य संकलन में शामिल नहीं किया।

तुझ को रास आए मेरी शाने-तग़ाफ़ुल[1] ऐ दोस्त
मेरी हैरत[2], ये मेरा आलमे-तस्वीर[3] न देख।

1946

1. बेपरवाही की शान, गर्व, 2. आश्चर्य, 3. चित्र स्वरूप बन जाने की अवस्थाँ

12

डरा के मौजे-तलातुम[1] से हमनशीनों[2] को
यही तो हैं जो डुबोया किए सफ़ीनों[3] को

शराब हो ही गई है ब-क़द्रे-पैमाना[4]
ब-अज़्मे-तर्क[5] निचोड़ा जब आस्तीनों को

जमाले-सुब्ह[6] दिया, रु-ए-नौबहार[7] दिया
मेरी निगाह भी देता ख़ुदा हसीनों को

हमारी राह में आए हज़ार मैख़ाने[8]
भुला सके न मगर होश के क़रीनों[9] को

कभी नज़र भी उठाई न सूए-बादाए-नाब[10]
कभी चढ़ा गए पिघला के आबगीनों[11] को।

यही जहाँ है जहन्नुम[12], यही जहाँ फ़िरदौस[13]
बताओ आलमे-बाला[14] ये सैर-बीनों[15] को

हुए हैं क़ाफ़ले[16] ज़ुल्मत[17] की वादियों[18] में रवाँ[19]
चराग़े-राह[20] किए ख़ूँ-चकाँ[21] जबीनों[22] को

तुझे न माने कोई तुझ को इस से क्या 'मजरूह'
चल अपनी राह, भटकने दे नुक्ता-चीनों[23] का

1947

---

1. तूफान और लहरों, 2. साथियों, 3. नावों, 4. प्याले के अनुसार, 5. अल्म=संकल्प, तर्क=छोड़ देना : शराब छोड़ने के संकल्प, 6. सुबह का सौंदर्य, 7. चेहरा : नव-वसन्त का मुखड़ा, 8. मधुशालाएँ, 9. सुरीतियों, 10. सू=ओर, बादा=शराब, नाब=शुद्ध : शुद्ध शराब के प्याले की ओर, 11. काँच, बिल्लोर, शराब, यहाँ शराब का प्याला, 12. नरक, 13. स्वर्ग, 14. स्वर्गलोक/देवलोक, 15. भ्रमण की सैर करने वाले, 16. यात्रियों की टोली, 17. अंधकारों, 18. घाटियों, तराइयों, 19. बहता हुआ, 20. मार्ग का दीपक, 21. ख़ून से लाल, रक्तारक्त, 22. माथों, 23. ढीका कारों

13

दूर-दूर मुझसे वो इस तरह ख़िरामाँ[1] है
हर क़दम है नक़्शे-दिल[2], हर निगह रगे-जाँ[3] है

बन गई है मस्ती में दिल की बात हंगामा
क़तरा थी जो सागर[4] में लब तक आके तूफ़ाँ हैं

हम तो पा-ए-जानाँ[6] पर कर भी आए इक सजदा[7]
सोचती रही दुनिया कुफ़्र है कि ईमाँ है

मेरे शिक्वा-ए-ग़म[8] से आलमे-निदामत[9] है
उस लबे-तबस्सुम[10] पर शमअ सी फ़रोज़ाँ[11] है

मुन्तज़िर[15] हैं फिर मेरे, हादसे[16] ज़माने के
फिर मेरा जुनूँ[17] तेरी बज़्म में ग़ज़ल-ख़्वाँ[18] है

फ़िक्र[19] उन्हें फिर क्या जब तू साथ है असीरों[20] के
ऐ ग़मे-असीरी[21] तू खुद शिकस्ते-ज़िंदाँ[22] है।

अपनी अपनी हिम्मत है, अपना अपना दिल 'मजरूह'
ज़िंदगी भी अरज़ाँ[23] है, मौत भी फ़रावाँ है[24]।

1947

---

1. धीमी चाल से या धीमे चलना, 2. हृदय का चित्र, 3. जीवन की नाड़ी, 4. प्याला, 5. होंठ, 6. प्रेयसी के चरण, 7. माथा टेक्कर प्रणाम करना, 8. गम 'देने' की शिकायत, 9. पश्चाताप की हालत, 10. मुस्कराते होंठ, मुस्कुराहट, होठों की मुस्कान, 11. प्रकाशमान, 12. दुःख झेलने की आकांक्षा/श्रद्धा, 13. प्रेम की पराजय, 14. प्रिय की अनुकंपा/मेहरबानी, 15. प्रतीक्षक, 16. दुर्घटनाएँ, 17. उन्माद, 18. गीत गा रहा है, 19. चिंता, 20. क़ैदियों, 21. क़ैद का गम, 22. कारागार का टूटना, 23. सस्ती, 24. प्रचुर।

14

जब हुआ इरफ़ाँ[1] तो ग़म आरामे-जाँ[2] बनता गया
सोज़े-जानाँ[3] दिल में सोज़े-दीगराँ[4] बनता गया

रफ़्ता-रफ़्ता[5] मुन्क़लिब[6] होती गई रस्मे-चमन[7]
धीरे-धीरे नग़मा-ए-दिल[8] भी फ़ुग़ाँ[9] होता गया

मैं अकेला ही चला था जानिबे-मंज़िल[10] मगर
लोग साथ आते गए और कारवाँ बनता गया

मैं तो जब जानूँ कि भर दे "साग़र-ए-हर-ख़ासो-आम"[11]
यूँ तो जो आया वही पीर-ए-मुग़ाँ[12] बनता गया

जिस तरफ़ भी चल पड़े हम आब्ला-पायाने-शौक़[13]
ख़ार [14] से गुल[15] और गुल से गुलसिताँ[16] बनता गया

शरहे-ग़म तो मुख़्तसर[18] होती गई उस के हुज़ूर[19]
लफ़्ज़[20] जो मुँह से न निकला दास्ताँ[21] बनता गया

दहर में[22] 'मजरूह' कोई जावेदाँ[23] मज़्मूँ[24] कहाँ
मैं जिसे छूता गया वो जावेदाँ बनता गया

1947

---

1. संपूर्ण-ज्ञान, 2. सुखद, 3. सोज़=जलन, तपन जानाँ=प्रिय : प्रिय के लिए, 4. दीगरां=पराए : औरों के लिए तपन, 5. धीरे-धीरे, 6. परिवर्तित, 7. उपवन की परंपरा की परम्परा, 8. दिल का गीत, 9. क्रंदन, आवाज से रोना, फरियाद करना, आर्त्तनाद, 10. मंजिल की ओर, 11. साधारण और असाधारण व्यक्ति का प्याला, 12. वयोवृद्ध धर्मगुरु, 13. शौक=प्रेम, आब्ला=छाला : प्रेम की डगर पर चलते चलते जिनके पैरों में छाले पाए हो, 14. काँटे, 15. फूल, 16. बगीचा, 17. शरूह=व्याख्या : दुःख व्याख्या, 18. संक्षिप्त, 19. सम्मुख, सामने, 20. शब्द, 21. लम्बी कहानी, 22. सृष्टि में, 23. शाश्वत, अमर, 24. विषय।

15

जो समझाते भी आकर वाइज़े-बरहम[1] तो क्या करते
हम इस दुनिया के आगे उस जहाँ[2] का ग़म तो-क्या करते

हरम[3] से मैकदे[4] तक मंज़िले-यक-उम्र[5] थी साक़ी !
सहारा गर[6] न देती लग़्ज़िशे-पैहम[7] तो क्या करते

जो मिट्टी को मिज़ाजे-गुल[8] अता कर दें,[9] वो ऐ वाइज़[10]
ज़मीं से दूर फ़िक्रे-जन्नते-आदम[11] तो क्या करते

सवाल उनका, जवाब उनका, सुकूत[12] उनका, ख़िताब[13] उनका
हम उनकी अन्जुमन[14] में सर न करते ख़म[15] तो क्या करते

जहाँ 'मजरूह' दिल के हौसले टूटें निगाहों से
वहाँ करते भी मर्गे-शौक़[16] का मातम[17] तो क्या करते

1947

---

1. झुंझलाया हुआ धर्मोपदेशक, 2. लोक का, 3. मस्जिद से, 4. मधुशाला, 5. आयु भर चलकर पहुँचने की मंजिल, 6. अगर, 7. निरंतर डगमगाहट, 8. फूल की प्रकृति, 9. प्रदान, 10. धर्मोपदेशक, 11. मनुष्य के स्वर्ग की चिंता, 12. चुप्पी, खामोशी, 13. संबोधन, 14. महफिल में, 15. झुकाते, 16. आकांक्षा या प्रेम की मृत्यु का, 17. शोक

16

चमन में आतिशे-गुल[1] फिरसे भड़काने भी आएँगे
ख़िज़ाँ[2] आई तो अब सहरा[3] से दीवाने[4] भी आएँगे

अलग बैठे हैं फिर भी आँख साक़ी[5] की पड़ी हम पर
अगर है तिश्नगी[6] कालिम[7] तो पैमाने[8] भी आएँगे

चलाचल[9] इश्क़[10] से बाँधे हुए शर्ते-सफ़र[11] ऐ दिल
इन्हीं राहों पे वो तो वो हैं बेगाने[12] भी आएँगे

किसे मालूम थे ये दिल के ख़ालिक़[13] गुलसितानों के
हँसी की ओट दिल में लेके वीराने भी आएँगे

ये अन्जामे-मुहब्बत देखकर भी वाये-मजबूरी[14]
जलेगी शमअ भी, महफ़िल में परवाने भी आएँगे

तुझे 'मजरूह' छोड़ा है जिन्होंने[15] तिशना-लब करके
वो पलकों में छुपाकर लाख मैख़ाने[16] भी आएँगे

1947

---

1. फूलों की आग, 2. पतझड़, 3. मृग-तृष्णा, 4. प्रेमी, 5. शराब पिलाने वाली, 6. प्यास, 7. संपूर्ण, 8. प्याले, 9. चल पड़, चलता रह, 10. प्रेम, 11. यात्रा का नियम, 12. पराए, 13. रचयिता, 14. हाय री मजबूरी, 15. प्यासा, 16. मधुशाला

17

तक़्दीर[1] का शिकवा बेमानी, जीना ही तुझे मन्ज़ूर नहीं
आप अपना मुक़द्दर बन न सके, इतना तो कोई मजबूर नहीं

यह महफ़िल[2]-ए-अहले-दिल है यहाँ हम सब मैकश[3], हम सब साक़ी[4]
तफ़रीक़[5] करें इंसानों में इस बज़्म[6] का ये दस्तूर[7] नहीं

जन्नत-ब-निगह[8], तस्नीम-ब-लब[9], अंदाज़ उसके ऐ शेख[10] न पूछ
मैं जिस से मुहब्बत करता हूँ, इन्साँ हैं ख़याली-हूर[11] नहीं

वो कौन सी सुब्हें हैं जिनमें बेदार[12] नहीं अफ़सूँ[13] तेरा
वो कौन सी काली रातें हैं जो मेरे नशे में चूर नहीं

सुनते हैं कि काँटे से गुल तक हैं राह में लाखों वीराने
कहता है मगर यह अज़्मे[14]-जुनूँ[15] सहरा से गुलिस्ताँ[16] दूर नहीं

'मजरूह' उठी है मौजे-सबा[17], आसार[18] लिए तूफ़ानों के
हर क़तरए-शबनम[19] बन जाए, इक जू-ए-रवाँ[20], कुछ दूर नहीं

1948

---

1. भाग्य, 2. दिल वालों की महफिल, 3. शराबी, 4. शराब पिलाने वाले, मधुबालाएँ, 5. भेद-भाव, 6. महफिल, 7. कानून, रिवाज, 8. जिस की आँखों में जन्नत हो, 9. जो होठों में तसनीम जन्नत की एक नहर लिए हुए हो, 10. वयोवृद्ध धर्म-गुरु, 11. जन्नत की काल्पनिक परी, 12. जागा हु-काल आ, 13. जादू, 14. जुनून=पागलपन, उन्माद : उन्माद का संकल्प, 15. मरूस्थल, 16. उपवन, 17. सबा=सुबह का शीतल हवा का झोंका, 18. संभावनायें, 19. ओंस की बूँद, 20. जू=नदी, रवाँ=बहती हुई : बहती नदी

18

लिये बैठा है दिल इक अज़्मे-बेबाकाना[1] बरसों से
कि उसकी राह में हैं काबा-ओ-बुतख़ाना[2] बरसों से

गुरेज़ाँ[3] तो नहीं तुझ से मगर तेरे सिवा दिल को
कई ग़म[4] और भी हैं ऐ दिले-जानाना[5] बरसों से

हज़ारों माहताब[6] आए, हज़ारों आफ़ताब[7] आए
मगर हमदम[8] वही है ज़ुल्मते-ग़मख़ाना[9] बरसों से

मगर कब तक छुपेगी बादा-ए-गुलगूँ[10] के परदे में
कि है बेख़्वाब[11] चश्मे-सतवते-शाहाना[12] बरसों से

मुझे ये फ़िक्र सब की प्यास अपनी प्यास है साक़ी
तुझे ये ज़िद कि ख़ाली है मेरा पैमाना बरसों से

दिले-सादा[13] न समझा मासिवाये-पाक-दामानी[14]
निगाहे-यार[15] कहती है कोई अफ़साना[16] बरसों से

वही 'मजरूह' समझे सब जिसे आवारा-ए-ज़ुल्मत[17]
वही है एक शमए-सुर्ख़[18] का परवाना[19] बरसों से

1948

---

1. अज़्म=इरादा, निश्चय , बेबाकाना=बिना किसी डर के या के निश्चय या इरादा करना, 2. मुसलमानों का हज-यात्रा स्थान काबा और बुतखाना मंदिर, 3. दूर हटना, 4. चिंता, 5. प्रिय का हृदय, 6. चाँद, 7. सूर्य, 8. साथी, 9. दुःखों ग़म-ख़ाना के घर का अंधकार ज़ुल्मत, 10. लाल गुलगूँ शराब बादा, 11. नींद न आना, 12. रोब और शाही शान रखने वाली आँख, 13. सीधा, सादा, भोला हृदय, 14. पवित्रता पाकदामानी के अतिरिक्त, 15. प्रिय की नज़र, 16. कहानी, 17. अंधकार में भटकनेवाला, 18. लाल शमअ कम्यूनिज्म का निशान लाल रंग, 19. पतंगा

19

सागर[1] में मौजे-मै[2] है कि मौजे-निगाहे-दोस्त[3]
यारब[4] कहाँ से लाऊँ किसी दीदा-वर[5] को मैं

कितनी फ़ुसूँ-तराज़[6] है सैयाद[7] की नज़र
आकर क़फ़स[8] में भूल गया बालो[9]-पर को मैं

'मजरूह' अब नहीं है किसी का भी इन्तज़ार
अब क्या करूँगा लेके दुआ[10] में असर[11] को मैं

1. प्याला, 2. शराब की लहर, 3. मित्र की दृष्ट की लहर, 4. यारब=ऐ रब, 5. आँखों वाला, 6. फ़ुसूँ जादू चलानेवाली, 7. शिकारी, 8. पिंजरा, कारागार, 9. बाल और पर, 10. प्रार्थना, 11. प्रभाव, प्रतिक्रिया

20

आ निकल के मैदाँ में, दोरुख़ी[1] के ख़ाने[2] से
काम चल नहीं सकता अब किसी बहाने से।

अहदे-इन्क़लाब[3] आया, दौरे-आफ़ताब[4] आया
मुन्तज़िर[5] थीं ये आँखें जिसकी इक ज़माने से।

अब ज़मीन गायेगी, हल के साज़[6] पर नग़मे[7]
वादियों[8] में नाचेंगे हर तरफ़[9] तराने से।

अहले-दिल[10] उगायेंगे[11] ख़ाक से महो-अंजुम[12]
अब गुहर[13] सुबक[14] होगा, जौ के एक दाने से।

मनचले बुनेंगे अब रंगो-बू[15] पैराहन[16]
अब सँवर के निकलेगा हुस्न[17] कारख़ाने से।

आम[18] होगा अब हमदम[19] सब पे फ़ैज़ फ़ितरत[20] का
भर सकेंगे अब दामन, हम भी इस ख़ज़ाने से।

सुनते हम तो क्या सुनते इक[21] बुज़ुर्ग[22] की बातें
सुबह को इलाक़ा[23] क्या, शाम के फ़साने[24] से।

वो लगा के सीने से फ़लसफ़ा तसव्वुफ़[25] का
शेख़जी[26] हसीनों[27] में फिरते हैं दिवाने से।

---

1. दुरेगीपन, 2. घेरा, गृह, 3. क्रांति-काल, 4. सूर्य का युग, 5. प्रतीक्षित, इंतेजार करती, 6. वाद्य-यंत्र, 7. गीत, 8. घाटियों, 9. गीत, 10. दिलवाले, 11. मिट्टी, 12. चाँद मह=माह और तारे अंजुम, 13. मोती, 14. सस्ता, 15. रंग और गंध, 16. लिबास, वस्त्र, 17. सौंदर्य, 18. सुलभ, 19. ऐ साथी, 20. लाभ, 21. प्रकृति, 22. बूड़े-बूढ़े, 23. संबंध, 24. कथा, कहानी, 25. सूफीमत अथवा धर्म का दर्शन, 26. वयोवृद्ध धर्मोपदेश्क, 27. सुंदरियों।

मैं कि एक मेहनत-कश,[28] मैं कि तीरगी-दुश्मन[29]
सुब्हे-नौ[30] इबारत है, मेरे मुस्कराने से।

ख़ुद-कुशी[31] ही रास आई, देख बद-नसीबों को !
ख़ुद से भी गुरेज़ाँ[32] हैं भाग कर ज़माने से।

अब जुनूँ[33] पे वो साअत[34] आ पड़ी कि ऐ 'मजरूह'
आज जख़्मे-सर बेहतर, दिल पे चोट खाने से।

1949—आर्थर रोड जेल, बम्बई

---

28. शारीरिक श्रम करने वाले, किसान, मज़दूर, 29. अंधेरे का शत्रु, 30. मेरे मुस्काने से नई सुबह हो जाती है, 31. आत्म-हत्या, 32. दूर हटना या भागना, उदासीन होना, 33. उन्माद, 34. क्षण, समय, 35. सर का घाव

21

आख़िर ग़मे-जानाँ[1] को ऐ दिल, बढ़ कर ग़मे-दौराँ[2] होना था
इस क़तरे[3] को दरिया होना था, इस मौज[4] को तूफ़ाँ होना था।

हर मोड़ पे मिल जाते हैं अभी फ़िरदौसो-जिनाँ[5] के शैदाई[6]
तुझ को तो अभी कुछ और हसीं, ऐ आलमे-इम्काँ[7] होना था।

वो जिसके गुदाज़े-मेहनत[8] से पुर-नूर[9] शबिस्ताँ[10] है तेरा
ऐ शोख़[11] उसी बाज़ू[12] पे तेरी ज़ुल्फ़ों[13] को परेशाँ[14] होना था।

आती ही रही है गुलशन में अब के भी बहार आई है तो क्या
है यूँ कि क़फ़स[15] के गोशों[16] से ऐलाने-बहाराँ[17] होना था।

आया है हमारे मुल्क में भी इक दौरे-जुलेख़ाई[18] यानी
अब वो ग़मे-ज़िंदाँ[19] देते हैं जिनको ग़मे-ज़िंदाँ होना था।

अब खुल के कहूँगा हर ग़मे-दिल,[20] 'मजरूह' नहीं वो वक़्त कि जब
अश्कों[21] में सुनाना था मुझको, आहों में ग़ज़ल-ख़्वाँ[21] होना था।

1949

---

1. प्रिय के ग़म, 2. दुनिया या ज़माने का ग़म, 3. बूँद, 4. लहर, 5. फ़िरदौस=जन्नत (स्वर्ग) जिनां=जन्नत का बहुतवचन, जन्नतें इस्लाम-दर्शन के अनुसार सात स्वर्ग होते हैं, उनमें से एक, 6. आसक्त, प्रेम, 7. संभावनाओं का संसार, 8. गुदाज़=फैलाव : परिश्रम का फल, 9. प्रकाशमान, 10. शयनागार, 11. चंचल, 12. बाँह, 13. लटों, 14. बिखरना, 15. पिंजरे, कारागार, 16. कोनों, 17. बहारों का पेलान, 18. जुलैखा : मिस्र देश के राजपाल की कपवंती मल्का जो अति स्पवान : गुलाम हज़रत यूसुफ़ पैगम्बर पर आसक्त हो गई, और परिणामतः बहुत कष्ट भोगे, 19. कारागार का दुःख, 20. हृदय की जीहा, 21. आँसुओं, 22. ग़ज़ल पढ़ना या सुनाना

22

अब अहले-दर्द[1] ये जीने का अहतिमाम[2] करें
उसे भुला के ग़मे-ज़िंदगी[3] का नाम करें।

फ़रेब खाके उन आँखों का कब तलक ऐ दिल
शराबे-ख़ाम[4] पियें, रक़्से-नातमाम[5] करें।

ग़मे-हयात[6] ने आवारा कर दिया वरना
थी आरज़ू कि तेरे दर[7] पे सुब्ह-शाम करें।

न माँगूँ बादा-ए-गुलगूँ[8] से भीख मस्ती की
अगर तेरे लबे-लालीं[9] मेरा ये काम करें।

न देखे दैरो-हरम[10] सूए-रहरवाने-हयात[11]
ये क़ाफ़ले[12] तो न जाने कहाँ क़याम[13] करें

हैं इस कशाकशे-पैहम[14] में ज़िंदगी के मज़े
फिर एक बार कोई सई-ए-नातमाम[15] करें।

सिखायें दस्ते-तलब[16] को अदा-ए-बेबाकी[17]
पयामे-ज़ेरे-लबी[18] को सला-ए-आम करें।

ग़ुलाम[19] रह चुके, तोडें ये बंदे-रुसवाई[20]
ख़ुद अपने बाज़ू-ए-मेहनत[21] का अहतिराम[22] करें।

---

1. दर्दवाले आशिक, 2. प्रबंध, 3. जीवन के दुःख, 4. कच्ची शराब, 5. अधूरा नृत्य, 6. जीवन के ग़म, 7. दरवाजे पर, 8. लाल रंग की शराब, 9. लाल होंठ, 10. मंदिर, मस्जिद, 11. जीवन के पथिकों की ओर, 12. कारवाँ, 13. ठहरे, 14. निरंतर संघर्ष में, 15. अधूरा प्रयत्न, 16. माँगने वाले हाथ को, 17. बेझिझक हो जाने का ढंग, 18. पयाम=संदेश, ज़ेर-=नीचे : होठों में दिए हुए संदेश, 19. सब के लिए निमंत्रण, 20. बदनामी की ज़ंजीर, 21. परिश्रम करनेवाली बाँहों का, 22. आदर,

जमीं को मिल के सँवारें मिसाले-रूए-निगार[23]
रुख़े-निगार[24] से रौशन चिराग़े-बाम करें।[25]

फिर उठ के गर्म करें कारोबारे-ज़ुल्फ़ो-जुनूँ[26]
फिर अपने साथ उसे भी असीरे-दाम[27] करें।

मेरी निगाह में है अर्ज़े-मास्को 'मजरूह'
वो सर-ज़मीं कि सितारे जिसे सलाम करें।

1950

---

23. सुंदरी की चेहरे की तरह, 24. सुंदरी के चेहरे से, 25. चमक से, 26. छत का दीपक जलाएँ, 27. प्रेमोन्माद में प्रेयसी की जुल्फों से उलझना, 28. जाल में कैद, 29. नजर में, 30. मॉस्को की धरती रुस, 30. धरती,

'मजरूह' की इस ग़ज़ल का वह शेर जो उन्होंने इस ग़ज़ल के शेरों के चयन के समय हटा दिया है–

ये जाके 'हज़रते-मजरूह'[1] से कोई कह दे
जो दर्दे-इश्क़[2] लिया है तो कोई काम करें।

1. श्रीमान कवि, 2. प्रेम की पीड़ा

23

मेरे पीछे ये तो मुहाल[1] है कि ज़माना गर्मे-सफ़र[2] न हो
कि नहीं मेरा कोई नक़्शे-पा[3], जो चराग़े-राहगुज़र[4] न हो।

रुख़े-तेग़[5] से जो न हो कभी, सहर[6] ऐसी कोई नहीं मेरी
नहीं ऐसी एक भी शाम जो तहे-ज़ुल्फ़े-दार[7] बसर न हो।

मेरे हाथ हैं तो बनूँगा ख़ुद मैं अब अपना साक़ी-ए-मैकदा[8]
ख़ुमे-गैर[9] से तो ख़ुदा करे, लबे-जाम[10] भी मेरा तर न हो।

मैं हज़ार शक्ल[11] बदल चुका, चमने-जहाँ[12] में सुन ऐ सबा[13]
कि जो फूल हैं तेरे हाथ में, ये मेरा ही लख़्ते-जिगर[14] न हो।

जिन्हें सब समझते हैं मेहरो-माह[15], न हों सिर्फ़ चंद नुक़ूशे-पा।[16]
जिसे कहते हैं कुरहे-ज़मीं[17] फ़क़त[18] एक संगे-सफ़र[19] न हो

तेरे पा[20] ज़मीं पे रुके-रुके तेरा सर फ़लक[21] पे झुका-झुका
कोई तुझ से भी है अज़ीम-तर,[22] यही वहम् तुझ को मगर न हो

शबे-जुल्म[23] नरग़ए-राहज़न[24] से पुकारता है कोई मुझे
मैं फ़राज़े-दार[25] से देख लूँ, कहीं कारवाने-सहर[26] न हो।

1950 आर्थर रोड जेल बम्बई

---

1. असंभव, कठिन, 2. गतिशील, 3. पद-चिह्न, 4. मार्ग का दीपक, 5. तलवार के चेहरे का, 6. सुबह, 7. सूली रूपी सुंदरी के केशों तले, 8. शराब ख़ाने के साकी, 9. दूसरे के शराब के घड़े से, 10. प्याले के होंठ सिरे, 11. रूप, 12. संसार रूपी उपवन में, 13. प्रभात-समीर, 14. दिल का टुकड़ा, 15. चाँद-सूरज, 16. पद-चिह्न, 17. पृथ्वी, 18. केवल, 19. मार्ग का पत्थर, 20. पाँव, 21. आकाश पर, 22. महानतर, 23. अंधेरी रात में, 24. नर्ग़ा=फंदा, जाल, राहज़न=रास्ते में लूटने वाले डाकू : डाकुओं की पकड़, 25. फाँसी की ऊँचाई से, 26. सुबह का कारवाँ

24

हों जो सारे दस्तो-पा[1] हैं ख़ूँ[2] में नहलाये हुए
हम भी हैं ऐ दिल, बहाराँ[3] की क़सम खाए हुए।

ख़ब्त[4] है ऐ हमनशीं[5] अक़्ले-हरीफ़ाने-बहार[6] की बहार
है ख़िज़ाँ[7] इनकी इन्हें आईना दिखलाए हुए

क्या है जिक्रे-आतिशो-आहन[8] कि ग़द्दाराने-गुल[9] !
मारते हैं हाथ अंगारों पे घबराये हुए।

ज़िंदगी की क़द्र[10] सीखी, शुक्रिया[11] तेग़े-सितम[12]
हाँ हमीं थे कल तलक जीने से उकताए हुए।

सैरे-साहिल[13] कर चुके ऐ मौजे-साहिल[14] सर न मार
तुझ से क्या बहलेंगे तूफ़ानों के बहलाए हुए

है यही इक कारोबारे-नग़मा-व-मस्ती[15] कि हम
या ज़मीं पर या सरे-अफ़लाक[16] हैं छाए हुए

साज़ उठाया जब तो गरमाते फिरे ज़र्रों[17] के दिल
जाम हाथ आया तो मेहरो-मह[18] के हमसाए[19] हुए।

---

1. हाथ-पाँव, 2. ख़ून, 3. वसंत ऋतु, 4. उन्माद, 5. साथी, 6. वसंत-ऋतु के शत्रुओं की बुद्धि, 7. पतझड़, 8. आग और लोहे ऐटम-बम आदि की चर्चा, 9. फूल के द्रोही, 10. मूल्य, 11. धन्यवाद, 12. अत्याचार की तलवार, 13. तट की सैर, 14. तट की लहर, 15. उन्माद और संगीत का कारोबार, 16. आकाश पर, 17. कण, अणु, 18. चाँद (माह) और सूरज (मह्र), 19. पड़ोसी, 20. जंगल और दरवाज़े, 21. ऐसा मैदान जिस में हरियाली छाई हो,

दश्तो-दर[20] बनने को हैं 'मजरूह' मैदाने-बहार[21]
आ रही है फ़स्ले-गुल[22] परचम[23] को लहराये हुए।

1950 भायखला जेल बंबई

22. वसंत ऋतु, 23. झंडे

25

दस्ते-मुनइम[1] मेरी मेहनत का ख़रीदार सही
कोई दिन और मैं रुसवा-सरे-बाज़ार[2] सही।

फिर भी कहलाऊँगा आवारा-ए-गेसू-ए-बहार[3]
मैं तेरा दामे-ख़िज़ाँ[4] लाख गिरफ़्तार सही।

जस्त[5] करता हूँ तो लड़ जाती है मंज़िल से नज़र
हाइले-राह[6] कोई और भी दीवार सही

ग़ैरते-संग[7] है साक़ी ये गुलूए-तिश्ना[8]
तेरे पैमाने[9] में जो मौज[10] है तलवार सही

मैं ने देखी है उसी में ग़मे-दौराँ[11] की झलक
बेख़बर[12] रंगे-जहाँ से निगाहे-यार सही

उनसे बिछड़े हुए 'मजरूह' ज़माना गुज़रा
अब भी होंटों पे वही गरमी-ए-रुख़सार[13] सही

1951 (भायख़ला जेल बम्बई)

---

1. पूँजीपति का हाथ, 2. बीच बाज़ार में ज़लील (अपमानित), 3. वसन्त-रूपी केशों का आवारा दीवाना, 4. पतझड़ के जाल, 5. छलाँग लगाता हूँ, 6. मार्ग, बाधक, 7. पत्थर के लिए लज्जा, 8. प्यासा कंठ, 9. प्याले, 10. लहर, 11. सांसारिक ग़म, 12. संसार के रंग-ढंग से, 13. गालों की गर्मी

26

जलवा-ए-गुल[1] का सबब दीदा-ए-तर[2] है कि नहीं
मेरी आहों से बहाराँ[3] की सहर[4] है कि नहीं।

राह-गुम-कर्दा[5] हूँ, कुछ उसको ख़बर है कि नहीं
उस की पलकों पे सितारों का गुज़र है कि नहीं।

दिल से मिलती तो है इक राह कहीं से आकर
सोचता हूँ ये तेरी राह-गुज़र है कि नहीं।

तेज़ हो दस्ते-सितम[6] दे भी शराब ऐ साक़ी
तेग़[7] गर्दन पे सही, जाम सपर[8] है कि नहीं।

मैं जो कहता था सू-ए-रहबरे-कूताह-ख़राम[9]
तेरी मंज़िल भी मेरी गर्दे-सफ़र[10] है कि नहीं।

अहले-तकदीर[11], ये है मोजज़ा-ए-दोस्ते-अमल[12]
जो ख़ज़फ़[13] मैंने उठाया, वो गुहर[14] है कि नहीं।

देख कलियों का चटकना सरे-गुलशन[15] सैयाद[16]
ज़मज़मा-संज[17] मेरा ख़ूने-जिगर[18] है कि नहीं।

हम रिवायात[19] के मुन्किर[20] नहीं, लेकिन 'मजरूह'
सब की और सब से जुदा अपनी[21] डगर है कि नहीं

---

1. फूलों के जल्वे दर्शन का कारण, 2. सजल आँसू भरे नयन, 3. वसंत, 4. सबेरा, 5. मार्ग से भटका हुआ, 6. अत्याचार का हाथ, 7. तलवार, 8. ढाल, 9. रहबर=मार्गदर्शक, कूताह=कम, छोटा, खिराम=चलना : कम या धीरे चलने वाला पथ-प्रदर्शक, 10. मार्ग की धूल, 11. भाग्य में विश्वास रखनेवाले, 12. कर्मशील हाथ (दस्ते-अमन) का चमत्कार (मोजज़ा), 13. कंकर, ठीकरा, 14. मोती, 15. उपवन में, 16. शिकारी, 17. गीत गा रहा, 18. हृदय का लहू, 19. परंपराओं के, 20. इंकार करने या न मानने वाले, 21. मार्ग।

27

दुश्मन की दोस्ती है अब अहले-वतन[1] के साथ
है अब ख़िज़ाँ[2] चमन में नए पैरहन[3] के साथ।

सर पर हवा-ए-ज़ुल्म चले सौ जतन के साथ
अपनी कुलाह कज[5] है उसी बांकपन[6] के साथ।

किसने कहा कि टूट गया ख़ंजरे-फ़िरंग[7]
सीने पे ज़ख़्मे-नौ[8] भी है दाग़े-कुहन[9] के साथ

झोंके जो लग रहे हैं नसीमे-बहार[10] के
जुंबिश[11] में है क़फ़स[12] भी असीरे-चमन[13] के साथ।

'मजरूह' क़ाफ़ले[14] की मेरे दास्ताँ ये है
रहबर[15] ने मिल के लूट लिया राहज़न[16] के साथ।

1951

---

1. देशवासियों, 2. पतझड़, 3. लिबास, 4. अत्याचारों की हवा, 5. टोपी, 6. टेढ़ापन, निरालापन, 7. फिरंगी अंग्रेज का खंजर, 8. नया घाव, 9. पुराने खब्बे, 10. वसन्त-पवन, 11. हरकत, 12. पिंजरा (कारागार), 13. बाग (देश) के क़ैदी, 14. कारवाँ, 15. पथ-प्रदर्शक, 16. डाकू

इसी ग़जल के साथ लिखे इसी बह में 'मजरूह' के दो शेर जिन्हें उन्होंने इस ग़ज़ल से निकाल दिया था और उनके किसी ग़ज़ल संग्रह में नहीं है।

छूटा गया यारो तो अब फ़िक्रे-यार[1] क्यों
वो शमे-अन्जुमन[2] भी गई अन्जुमन[3] के साथ।

1. प्रिय की चिंता, 2. सभा की शमा, 3. सभा, महफिल,

'मजरूह' देख टूट गई जंगजू[1] की तेग़
अबरू-ए-एशिया[2] की फ़क़त इक शिकन[3] के साथ

—भायखला जेल बंबई 1951

1. योद्धा, 2. एशिया की भौंह, 3. बल

28

जुनूने-दिल[1] न सिर्फ़ इतना कि इक गुल पैरहन[2] तक है
क़दो-गेसू[3] से अपना सिलसिला, दारो-रसन[4] तक है।

मगर ऐ हम-क़फ़स[5], कहती है शोरीदा-सरी[6] अपनी
ये रस्मे-क़ैदो-ज़िंदाँ[7], एक दीवारे-कुहन[8] तक है।

कहाँ बचकर चली ऐ फ़स्ले-गुल[9] मुझ आब्ला-पा[10] से
मेरे क़दमों की गुलकारी[11] बयाबाँ[12] से चमन तक है।

मैं क्या-क्या जुरआ-ए-ख़ू[13] पी गया पैमाना-ए-दिल में
बला-नोशी[15] मेरी क्या इक मै-ए-साग़र-शिकन[16] तक है।

न आख़िर कह सका उस से मेरा हाले-दिले-सोज़ाँ[17]
महे-ताबाँ[18] कि जो उसका शरीके-अन्जुमन[19] तक है।

नवा[20] है जाविदाँ[21] 'मजरूह' जिसमें रूहे-साअत[22] हो
कहा किसने मेरा नग़्मा[23] ज़माने के चलन तक है।

1951 आर्थर राड जेल, मंबई

---

1. मन का उन्माद, 2. फूलों के वस्त्र पहनने वाली प्रेयसी, 3. कद और केशों से, 4. सूली और फौंसी के फंदे तक, 5. पिंजरे कारागार के साथी, 6. दीवानगी, 7. कैद और कारागार की रीति, 8. पुरानी या जर्जर दीवार तक, 9. वसंत ऋतु, 10. जिसके पाँव में छाले पड़ गए हों, 11. वसंत ऋतु फूल-पत्ते या बेल-बूटे बनाना खून के घूँट, 12. मरुस्थल, सुंसान जगह, 13. खून के घूँट, 14. दिल रूपी प्याला, 15. लगातार पीना, 16. टूटे प्याले की शराब, 17. दर्द भरे दिल का हाल, 18. चमकीला चाँद, 19. महफ़िल का साथी, 20. आवाज, गीत, 21. अमर, 22. समय की आत्मा, 23. गीत

29

जिस दम[1] ये सुना, है सुब्हे-वतन[2] महबूस[3] फ़ज़ाये-ज़िंदाँ[4] में
जैसे कि सबा[5] ऐ हम-क़फ़सो[6], बेताब[7] हम आए ज़िंदाँ[8] में।

हो तेग़-असर[9] ज़जीरे-क़दम[10], फिर भी है नक़ीबे-मंज़िल[11] हम
ज़ख़्मों से चिराग़े-राहगुज़र[12] बैठे हैं जलाये ज़िंदाँ में।

सद-चाक[13] क़बाए-अमनो-सुकूँ, उरियाँ[14] है अहिंसाई का जुनूँ[15]
कुछ ख़ूँ[16] से शहीदों ने अपने, वो गुल हैं खिलाए ज़िंदाँ में।

ये जब्रे-सियासत,[17] ये इन्साँ, मज़लूम[18] आहें, मजबूर फ़ुग़ाँ[19]
ज़ख़्मों की महक[20] दाग़ों[21] का धुआँ, मत पूछ फ़ज़ाए-ज़िंदाँ में

ग़ैरों की ख़लिश[22], अपनों की लगन, सोज़े-ग़मे-जानाँ[23] दर्दे-वतन
क्या कहिये कि हम हैं किस-किस को सीने से लगाए ज़िंदाँ में।

गुल[24] बनती है शायद ख़ाके-वतन,[25] शायद कि सफ़र करती है ख़िज़ाँ[26]
ख़ुशबू-ए-बहाराँ[29] मिलती है कुछ दिन से हवा-ए-ज़िंदाँ में।[28]

मुजरिम[27] थे जो हम, सो क़ैद हुए, सैयाद[30] मगर अब ये तो बता
हर वक्त ये किस को ढूँढ़ते हैं, दीवार के साये ज़िंदाँ में।

---

1. क्षण, 2. देश की सुबह, 3. बंदी, 4. कारागार का वातावरण, 5. प्रभात-समीर, 6. पिजरे जेल के साथी, 7. व्याकुल, 8. कारागार, 9. तलवार तेग जैसा प्रभाव रखनेवाली, 10. पाँव की ज़ंजीर, 11. लक्ष्य मंज़िल का जानकार नकीब=बादशाह के आगे आवाज लगानेवाला जानकार, चाऊश, 12. मार्ग के दिए, 13. अमन और शांति का सैंकड़ों जगह से फटा हुआ सद-चाक लंबा वस्त्र कबा, 14. नग्न, 15. उन्माद, पागलपन, 16. ख़ून, 17. राजनीति के अत्याचार, 18. नृ शंसित, अत्याचार की मारी, 19. आह, रूदन, 20. सुगंध, 21. धब्बों, 22. खटक, चुमन, 23. प्रिय जनों के दुख की जलन, 24. फूल, 25. देश की मिट्टी, 26. पतझड़, 27. वसंत की सुगंध, 28. कारागार की हवा, 29. दोषी, 30. व्याध, पंछी पकड़नेवाला।

जिस्मों[31] पे ये किसका नामे-सियाह[32], लिख देते हैं कोड़ों के निशाँ[33]
हैं ताक में किसकी ज़ंजीरें, अब आँख लगाए ज़िंदाँ में।

रफ़तारे-ज़माना[34] ले जिनकी, गीती[35] है गुले-नग़मा[36] जिनका
हम गाते हैं उन आवाज़ों से आवाज़ मिलाए ज़िंदाँ में।

1951

3!. शरीर, 32. काला नाम या स्याही से नाम लिखना, 33. निशान, 34. जमाने की गति, 35. जगत्, 36. गीतों के फूल

30

नज़्मे-सोवियत[1] यूनियन

शमए-ज़िंदाँ,[2] मुझे हर गुलबदने-सुर्ख़[3] तेरा
मैं तो दीवाना हूँ, ऐ अन्जुमने-सुर्ख़[4] तेरा।

हूँ मैं आलूदा-ए-ख़ूँ[5] फिर भी मेरा शौक़ तो देख
अब मेरे तन पे भी है पैरहने-सुर्ख़[6] तेरा।

तू भी देखे तो ये अब हो न सकेगा मालूम
तेरे सीने में है दिल या वतने-सुर्ख़[7] तेरा।

1952

---

1. रूस को भेंट नज़्म, 2. कारागार की शमअ, 3. लाल गुलाब जैसे नाज़ुक शरीर वाली प्रेयसी, 4. लाल सभा (महफिल), 5. रक्तारक्त, खून में लथपथ, 6. लाल लिबास, वस्त्र कम्यूनिस्टों का निशान लाल झंडा, 7. लाल (सुर्ख) देश, कम्यूनिस्ट देश.

31

हिंदुस्तान का दरवाज़ा (अवामी[1] चीन की तरफ खुलते देखकर)

आ ही जाएगी सहर[2] मतला-ए-इम्काँ[3] तो खुला
न सही बाबे-क़फ़स[4], रौज़ने-ज़िंदाँ[5] तो खुला।

ले के आई तू सबा[6] उस गुले-चीनी[7] का पयाम
वो सही ज़ख़्म[9] की सूरत लबे-ख़ंदां[11] तो खुला।

सैले-रंग[12] आही रहेगा, मगर ऐ किश्ते-चमन[13]
ज़ब्रें-मौसम[14] तो पड़ी, बंदे-बहाराँ[15] तो खुला।

दिल तलक पहुँचे, न पहुँचे, मगर ऐ चश्मे-हयात[16]
बाद मुद्दत[17] के तेरा पंजा-ए-मिज़गाँ[18] तो खुला।

"दर्द का दर्द से रिश्ता है" चलो ऐ 'मजरूह'
आज यारों से ये इक अक़्दा-ए-आसाँ[19] तो खुला।

1954

---

1. सार्वजनिक, 2. प्रभात, 3. धुंद और बादलों से आकाश साफ होना, 4. कारागार का द्वार, 5. कारागार का विवर, छिद्र, 6. सुबह की हवा, 7. चीन देश का फूल, प्रिय, 8. संदेश, 9. घाव, 10. रूप में, 11. हँसते हुए होंठ, 12. रंगों की बाढ़, 13. उपवन की कृषि, खेती, 14. मौसम का थपेड़ा या चोट, 15. बसंत ऋतु की गाँठ, 16. जीवन रूपी आँख, 17. लंबे समय के बाद, 18. पलक रूपी प्रहस्त पंजा अर्थात पलकें, 19. सरल पहेली या रहस्य।

इस ग़ज़ल का एक और शेर (अप्रकाशित)

है तो हाथों में कोई साज़[1] वो ज़ंजीर[2] सही
रक़्स[3] पाबद[4] सही, हल्क़ा-ए-दौराँ[5] तो खुला।

1. बाजा, वाद्‍य, 2. बेड़ी, 3. नृत्य, 4. बधनयुक्त (बंधेपैर), 5. घुमाव की परिधि (घेरा)

32

अदाए-तूले-सुख़न[1] क्या वो इख़्तियार[2] करे
जो अर्ज़े-हाल[3] बतर्ज़े-निगाहे-यार[4] करे।

बहुत ही तल्ख़-नवा[5] हूँ, मगर अज़ीज़े-वतन[6]
मैं क्या करूँ जो तेरा दर्द बेक़रार करे।

क़दम को फ़ैज़े-जुनूँ[8] से वो आब्ला[9] है नसीब[10]
जो ख़ारे-राह[11] को भी शमूए-रहगुज़ार[12] करे।

जगायें हमसफ़रों[13] को, उठाएँ परचमे-शौक़[14]
न जाने कब हो सहर[15], कौन इंतज़ार करे।

मिसाल[16] मिलती है कितनों की उस दिवाने से
चमन से दूर जो बैठा ग़मे-बहार[17] करे।

दयारे-जौर[18] में रस्ता है इक यही वरना
किसे पसंद है ऐ दिल कि सैरे-दार[19] करे।

ख़ुदा करे ग़मे-गीती[20] का पेचोताब[21] ऐ दोस्त
कुछ और भी तेरी ज़ुल्फ़ों[22] को ताबदार[23] करे।

---

1. अदा=व्यक्त करना, तूल=लंबा करना, सुखन-बात, बोल, काव्य : बात को लम्बा करने का ढंग, 2. ग्रहण, 3. मन : स्थति का वर्णन, 4. प्रेयसी की नजरों के तरीके से, 5. कटु-भाषी, 6. प्रिय देशवासी, 7. काफ़िया-बंद का संक्षिप्त अर्थात जब एक शेर से बात पूरी नहीं होती तब शायर उसे दूसरे में पूरा करने का प्रयास करता है, 8. उन्माद की कृपा से, 9. छाला, 10. प्राप्त, 11. मार्ग के काँटे को, 12. मार्ग का दीप, 13. सहयात्री, 14. प्रेमाकांक्षा का ध्वज, 15. सुबह, 16. उदाहरण, 17. वसंत का दुःख, 18. अत्याचार की वादी, 19. सूलियों की सैर अर्थात सूली पर चढ़ना, 20. संसार के ग़म, 21. मोड़, चाल, छल, 22. केशों की लटों, 23. चमकीला,

सितम कि तेग़े-क़लम[24] दें उसे जो ऐ 'मजरूह'
ग़ज़ल को क़त्ल करे, नग़मे को शिकार करे।

1954

24. कलम रूपी तलवार

इसी ग़ज़ल का उसमें अप्रकाशित शेर–

जुनूँ[1] का दौर[2] है अब नक़्दे-गुल[3] शुमार[4] करे
कहो[5] सबा से बहारों[6] का कारोबार[7] करे।

1. उन्माद, 2. युग, समय, 3. फूल की आलोचना (गुण-दोष की), 4. गिने मापे, 5. प्रभात समीर, 6. वसंत ऋतुओं, 7. व्यापार

33

अहले-तूफ़ाँ[1] आओ, दिल वालों का अफ़साना[2] कहें
मौज[3] की गेसू,[4] भँवर को चश्मे-जानाना[5] कहें।

दार[6] पर चढ़ कर लगायें नारा-ए-ज़ुल्फ़े-सनम[7]
सब हमें बा-होश[8] समझें, चाहे दीवाना कहें।

वो शहे-ख़ूबाँ[9] किधर है, फिर चलें उसके हुज़ूर,
ज़िंदगी को दिल कहें, और दिल को नज़राना[10] कहें।

थामें उस बुत[11] की कलाई और कहें उसको जुनूँ[12]
चूम लें मुँह और इसे अंदाज़े-रिन्दाना[13] कहें।

सुरख़ी-ए-मै[14] कम थी मैं ने छू लिए साक़ी[15] के होंट
सर झुका है, जो भी अब अरबाबे-मैख़ाना[16] कहें।

तिश्नगी[17] ही तिश्नगी है, किसको कहिए मैकदा[18]
लब[19] ही लब हम ने तो देखे, किस को पैमाना[20] कहें।

पारा-ए-दिल[21] है वतन की सर-ज़मीं[22] मुश्किल ये है
शहर को वीराँ[23] कहें या दिल को वीराना कहें।

ऐ रुख़े-ज़ेबा[24] बता दे और अभी हम कब तलक
तीरगी[25] को शमअ, तन्हाई[26] को परवाना[27] कहें।

आरज़ू ही रह गई 'मजरूह' कहते हम कभी
इक ग़ज़ल ऐसी जिसे तस्वीरे-जानाना[28] कहें।

1958

---

1. तूफ़ान वालो, 2. कथा, 3. लहर, 4. केश, 5. प्रेयसी की आँख, 6. फाँसी, 7. प्रेयसी के केशों का नारा, 8. बुद्धिमान, 9. खूबसूरतों के बादशाह सुंदरियों की रानी, 10. तोहफा, भेंट, 11. मूर्ति, सुंदरी, प्रेमिका, 12. उन्माद, 13. शराब पीने/मद्यपों का ढंग, 14. शराब की लाली, 15. मधुबाला, शराब पिलाने वाली, 16. मधुशाला वाले, 17. प्यास, 18. मधुशाला, 19. प्याला, 20. होंठ, 21. हृदय का टुकड़ा, 22. देश की धरती, 23. वीरान या सुन्सान स्थान, 24. सुंदर मुखड़े वाले, 25. अंधकार, 26. एकाकीपन, 27. पतंगा, 28. प्रिय का चित्र या रूप

34

हमें शऊरे-जुनूँ[1] है कि जिस चमन में रहे
निगाह बन के हसीनों की अन्जुमन[2] में रहे।

तू ऐ बहारे-गुरेज़ाँ[3] किसी चमन में रहे
मेरे जुनूँ की महक तेरे पैरहन[4] में रहे।

न हम क़फ़न[5] में रुके मिस्ले-बूए-गुल[6] सैयाद[7]
न हम मिसाले-सबा[8] हल्क़ा-ए-रसन[9] में रहे।

खुले जो हम तो किसी शोख़[10] की नज़र में खुले
हुए गिरह[11] तो किसी ज़ुल्फ़[12] की शिकन[13] में रहे

सरश्के-रंग[14] न बख़्शे तो क्यों हो बारे-मिज़ह[15]
लहू हिना[16] नहीं बनता तो क्यों बदन में रहे।

हुजूमे-दहर[17] में बदली न हम से वज़अ-ए-ख़राम[18]
गिरी कुलाह[19] हम अपने ही बौंकपन[20] में रहे।

ये हुक्म है रहे मुट्ठी में बंद सैले-नसीम[21]
ये ज़िद है बहरे-तपाँ[22] कूज़ा-ए-कुहन[23] में रहे।

---

1. उन्माद का ढंग, 2. महफिल, 3. कतराती, बचती हुई बहार, 4. लिबास, 5. पिंजरा, कारागार, 6. फूल की सुगंध की तरह, 7. शिकारी, 8. प्रभात समीर सबा की तरह, 9. फाँसी की रस्सी के घेरे में, 10. चंचल, 11. गाँठ, 12. केशों की लटों, 13. झुर्री, 14. आसूँ यदि रंग न दें, खून के आसूँ न बहें, 15. पलकों का बोझ, 16. मेंहदी, 17. संसार की भीड़, 18. चलने का अंदाज, 29. टोपी, 20. निरालापन, टेढ़ापन, 21. बहती हवा नसीम, 22. तपने के लिए, 23. पुराना घड़ा

ज़ुबाँ हमारी न समझा यहाँ कोई "मजरूह"
हम अजनबी की तरह अपने ही वतन में रहे।

इस ग़ज़ल के इन शेरों को 'मजरूह' ने अपने ग़ज़ल संग्रह में शामिल नहीं किया था।

वही है आबला-पाई[1] वही चमन-बंदी[2]
जिये दिवाना तेरे शहर में कि बन में रहे।

1. पैरों में छाले पड़ना, 2. बगीचे में कैद होना

मुझे नहीं किसी उस्लूबे-शायरी[1] की तलाश
तेरी निगाह का जादू मेरे सुख़न[2] में रहे।

1. काव्य-सर्जना की शैली, 2. काव्य, बोल।

35

वो जिसपे तुम्हें शमए-सरे-रह[1] का गुमां[2] है
वो शोला-ए-आवारा[3] हमारी ही ज़ुबाँ है

अब हाथ हमारे है अनाँ[4] रख़्शे-जुनूँ[5] की
अब सर पे हमारे कुलहे-संगे-बुताँ[6] है।

बस फेर के मुँह ख़ार क़दम खींच रहे थे
देखा तो निहाँ[7] क़ाफ़ला-ए-हम-सफ़राँ[8] है।

चुभते ही बनी ख़ार-सिफ़त[9] पाए-ख़िज़ाँ में
क्या कीजे बहुत हम को ग़मे-लाला-रुख़ाँ[11] है।

काम आए बहुत लोग सरे-मक़तले-ज़ुल्मात[12]
ऐ रौशनीए-कूचाए-दिलदार[13] कहाँ है

ऐ फ़स्ले-जुनूँ[14] हम को पए-शग़्ले-गरेबाँ[15]
पैबंद[16] ही काफ़ी है अगर ज़मा[17] गिराँ[18] है।

'मजरूह' कहाँ से गुहरे-गन्दुम-ओ-जौ[19] लाये
अपनी तो गिरह[20] में यही चश्मे-निगराँ[21] है।

1960

---

1. रास्ते के किनारे की शमा, 2. भ्रम, अनुमान, 3. बहका हुआ शोला, 4. लगाम, 5. जुनून का घोड़ा रख़्श, 6. कुलह=टोपी, संग=पत्थर, बुताँ, बुत का बहु वचन मूर्ति, सुंदरी, प्रिय :–पत्थर-दिल सनम की टोपी, 7. छिपी, 8. सहयात्रियों का कारवाँ, 9. काँटों के गुणों वाली, 10. पतझड़ के पाँव, 11. लाला रुख : फूलों जैसी चेहरेवाली सुंदरी का दुःख, 12. मक़्तले=वधस्थल, कत्ल करने का स्थान में, जुल्माल=अंधकारः–अंधकार के वधस्थल में 13. प्रिय की गली का प्रकाश, 14. उन्माद की खेती, 15. पय=पीछे, शग़्ल=व्यापार, उद्योग गरेबाँ=कॉलर गरेबाँ=वस्त्र का सीने पर का भागः–वस्त्र फाड़ने के कार्य में लगे रहना।, 16. कपड़े के टुकड़ों का जोड़, थिगली, 17. वस्त्र 18. महंगा 19. गुहर=गौहर, मोती, गंदुम=गेहूँ। गेहूँ और जौ के मोती, 20. गाँठ, 21. चश्म=आँख, निगराँ-रक्षक : रक्षा करनेवाली आँख।

36

चमन[1] है मक़तले-नग़मा[2] अब और क्या कहिए
बस इस सुकूत का आलम[3] जिसे नवा[4] कहिए।

असीरे-बंदे-ज़माना[5] है साहिबाने-चमन[6]
मेरी तरफ से गुलों[7] को बहुत दुआ[8] कहिए।

यही है जी में कि वो रफ़ता-ए-तग़ाफ़ुलो-नाज़[9]
कहीं मिले तो वहीं क़िस्सा-ए-वफ़ा[10] कहिए।

उसे भी क्यों न फिर अपने दिले-जुबूँ[11] की तरह
ख़राबे-काकुलो-आवारा-ए-अदा[12] कहिए।

ये कूए-यार[13], ये ज़िंदाँ[14], ये फ़र्शे-मैख़ाना[15]
इन्हें हम अहले-तमन्ना[16] के नक़्शे-पा[17] कहिए।

वो एक बात है कहिए तुलूए-सुब्हे-निशात[18]
कि ताबिशे-बदनो-शोला-ए-हिना[19] कहिए।

वो एक हर्फ़[20] है, कहिए उसे हिकायते-जुल्फ़[21]
कि शिकवा-ए-रसनो-बन्दिशे बला[22] कहिए।

---

1. उपवन, 2. गीत का वधस्थल, 3. शांति, का वातावरण, 4. आवाज़, 5. युग रूपी कारागार का बंदी, 6. उपवन के लोगों, 7. फूलों, 8. आशीर्वाद, 9. रफ़्ता-बीते दिनों, तग़ाफुल-उपेक्षा, नाज़-गर्व और हावभाव=बीते दिनों की उपेक्षा करने वाली प्रयसी जो गर्व और हावभाव वाली थी, 10. निर्वाह वफ़ा का वृत्तांत, 11. बेचारा अथवा टूटा हृदय, 12. केशों की लटों काकुल द्वारा बरबाद और हाव-भाव के लिए आवारा अर्थात प्रिय के सौंदर्य और हाव-भाव का दीवाना, 13. प्रिय की गली, 14. कारागार, 15. मधुशाला की भूमि, 16. चाह रखनेवाले, अभिलाषी, 17. क़दमों के निशान, 18. सुख (निशात) के सबेरे का उदय (तुलूअ) 19. शरीर की आभा और मेहंदी की आग्न-ज्वाला, 20. शब्द, 21. केशों की कथा, 22. फांसी की रस्सी (रसन) की शिकायत और मुसीबतों (बला) का बंधन (बंदिश),

रहे न आँख तो क्यों देखिए सितम[23] की तरफ़
कटे ज़ुबान तो क्यों हर्फ़े-ना-बज़ा[24] कहिए।

पुकारिये कफ़े-क़ातिल[25] को अब मुआलिजे-दिल[26]
बढ़े जो नाख़ूने-ख़ंजर,[27] गिरह-कुशा[28] कहिए।

पड़े जो संग[29] तो कहिए उसे निवाला-ए-ज़र[30]
लगे जो ज़ख़्म बदन पर उसे क़बा[31] कहिए।

फ़साना[32] जब्र का यारों की तरह क्यों 'मजरूह'
मज़ा तो जब है कि जो कहिए बरमला[33] कहिए।

1960

23. अन्याय, अत्याचार, 24. अनुचित शब्द, 25. हत्यारे की हथेली, 26. हृदय-चिकित्सक, 27. खंजर के नाखून, 28. गांठ या रहस्य खोलने वाला, 29. पत्थर, 30. सोने का निवाला ग्रास, 31. एक विशेष प्रकार का लम्बा चुग़ा (वस्त्र), 32. जोर-जबरदस्ती की कथा, 33. प्रत्यक्ष, मुँह पर, सब के सामने।

37

चीन की पैमाँ-शिकनी[1] के नाम

दस्ते-पुर-ख़ूँ[2] को कफ़े-दस्ते-निगाराँ[3] समझे
क़त्लगह[4] थी, जिसे हम महफ़िले-याराँ[5] समझे।

कुछ भी दामन[6] में नहीं ख़ारे-मलामत[7] के सिवा
ऐ जुनूँ[8], हम भी किसे कूए-बहाराँ[9] समझे।

टूटे धागे ही से करते हैं रफ़ू चाके-जिगर[10]
कौन बेचारगी-ए-सीना-फ़िगाराँ[11] समझे।

है वो बेदर्द[12] तो बेगाना[13] ही अच्छा यारो
जो न तौक़ीरे-ग़मे-दर्दगुसाराँ[14] समझे।

ख़ंदाज़न[15] उस पे रहे हल्क़ा-ए-ज़ंजीरे-जुनूँ[16]
जो न कुछ मंज़िलते-सिलसिला-दाराँ[17] समझे

आज से हम ने भी ज़ख़्मों को तबस्सुम[18] जाना
रज़्म[19] को बज़्मगहे-लाला-अज़ाराँ[20] समझे

तोड़ दें हम जो न तलवार तो कहिए 'मजरूह'
तेग़-ज़न[21] क्या हुनरे-ज़ख़्म-शुआराँ[22] समझे

1962

---

1. प्रतिज्ञा-भंजन, 2. खून से भरे हाथ, 3. प्रियकी मेंहदी रची हथेली, 4. वधस्थल, 5. मित्रों की सभा, महफ़िल, 6. आँचल, 7. मलामत=भर्त्सना, धिक्कार रूपी काँटे, 8. उन्माद, 9. वसंत ऋतु रूपी गली, 10. हृदय की दरार या फटना, 11. घायल हृदय वालों की मजबूरी, 12. कठोर, 13. पराया, 14. दुखियों की पीड़ा का सम्मान, 15. हँसी उड़ाना, 16. उन्माद की ज़ंजीर का घेरा, 17. सूलियों दारों की शृंखला की प्रतिष्ठा (मंजिलत), 18. मुस्कान, 19. युद्ध, संग्राम, 20. लाल फूल (लाला) जैसे गालों (अजाराँ) वालों की महफ़िल (बज़्मगाह), 21. तलवार चलानेवाला, 22. घाव झेलने के आचरण की कला।

38

जला के मशअले-जाँ[1] हम जुनूँ-सिफ़ात[2] चले
जो घर को आग लगाए हमारे सात चले।

दयारे-शाम[3] नहीं, मंज़िले-सहर[4] भी नहीं
अजब नगर है यहाँ दिन चले न रात चले।

हमारे लब[5] न सही, वो दहाने-ज़ख़्म[6] सही
वहीं पहुँचती है यारो कहीं से बात चले।

सुतूने-दार[7] पे रखते चलो सरों के चराग़
जहाँ तलक[8] ये सितम[9] की सियाह[10] रात चले।

हुआ असीर[11] कोई हमनवा[12] तो दूर तलक[13]।
बपासे-तर्ज़े-नवा[14] हम भी साथ सात चले।

बचाके लाये हम ऐ यार फिर भी नक़्दे-वफ़ा[16]
अगरचे[15] लुटते हुए रहज़नों[16] के हात चले।

फिर आई फ़स्ल[17], कि मानिंदे-बर्गे-आवारा[18]
हमारे नाम गुलों[19] के मुरासलात[20] चले।

---

1. जान की या जीवनरूपी मशाल, 2. उन्मत्त, 3. संध्या का नगर या ठिकाना 4. सुबह की मंजिल, 5. होंठ, 6. घाव का मुँह, 7. सूली के स्तंभ पर, 8. तक, 9. अत्याचार, 10. काली, 11. बंदी, 12. सहभाषी, 13. बोलने भाष्य के ढंग का मान रखने को, 14. वफा रूपी नक्दी, 15. यद्यपि, 16. डाकुओ, 17. ऋतु, 18. आवारा पत्तों की तरह, 19. फूलों, 20. पत्र, संदेश,

क़तारे-शीशा[23] है या कारवाने-हमसफ़राँ[24]
ख़रामे-जाम[25] है या जैसे कायनात[26] चले।

बुला ही बैठे जब अहले-हरम[27] तो ऐ 'मजरूह'
बग़ल में हम भी लिये इक सनम[28] का हात चले।

1962

23. शराब की बोतलों की पंक्ति, 24. सहयात्रियों का कारवाँ, 25. शराब के प्यालों का दौर चलना, 26. जगत, 27. हरम, मस्जिद या काबा वाले, 28. मूर्ति, सुंदरी या प्रेमिका

39

हम है मता-ए-कूचा[1]-ओ-बाजार की तरह
उठती है हर निगाह ख़रीदार की तरह।

इस कू-ए-तिशनगी[2] में बहुत है कि एक जाम
हाथ आ गया है दौलते-बेदार[3] की तरह।

वो तो कहीं हैं और मगर दिल के आस-पास
फिरती है काई शै[4] निगह-ए-यार[5] की तरह।

सीधी है राहे-शौक़[6] प[7] यूँ ही कहीं कहीं
ख़म[8] हो गई है गेसू-ए-दिलदार की तरह।

बे-तीशा-ए-नज़र[10] न चलो राहे-रफ़्तगाँ[11]
हर नक़्शे[12]-पा बुलंद[13] है दीवार की तरह।

अब जा के कुछ खुला हुनर-ए-नाख़ुने-जुनूँ[14]
ज़ख़्मे-जिगर[15] हुए लबो-रुख़्सार[16] की तरह।

'मजरूह' लिख रहे हैं वो अहले-वफ़ा[17] का नाम
हम भी खड़े हुए है गुनहगार[18] की तरह।

1963

---

1. गली कूचे में बिकने वाली चीज़ों, 2. प्यास की गली, 3. जागृत धन, 4. वस्तु, 5. प्रेयसी की नजर, 6. प्रेम मार्ग, 7. परंतु, 8. टेढ़ी, 9. प्रेयसी के केशों की तरह, 10. दृष्टि रूपी कुदाल के बिना, 11. बीता, पीछे छूटा हुआ मार्ग, 12. पद्चिह्न, 13. ऊँची, 14. उन्माद (रूपी) के नाखून की कारीगरी, 15. हृदय का घाव, 16. होंठ और कपोल, 17. वफादारों, 18. पापी

40

सू-ए-मक़तल[1] कि पय-ए-सैरे-चमन[2] जाते हैं
अहले-दिल[3] जाम-बकफ़[4] सर-बकफ़न[5] जाते हैं।

आ गई फ़स्ले-जुनूँ[6], कुछ तो करो दीवानो
अब्र[7], सहरा[8] की तरफ साया-फ़िगन[9] जाते हैं।

उसको देखा नहीं तुमने कि यही कूचा-ए-राह
शाख़े-गुल[10] शोख़ी-ए-रफ़्तार[11] से बन जाते हैं।

वो अगर बात न पूछें तो करें क्या हम भी
आप ही रूठते हैं आपही मन जाते हैं।

बुलबुलो, अपनी नवा[12] फ़ैज़[13] है उन आँखों की
जिन से हम सीखने अंदाज़े-सुख़न[14] जाते हैं।

जो ठहरती तो ज़रा चलते सबा[15] के हमराह[16]
यों भी हम रोज़ कहाँ सूए-चमन[17] जाते हैं।

लुट गया क़ाफ़ला-ए-अहले-जुनूँ[18] भी शायद
लोग हाथों में लिये तारो-रसन[19] जाते हैं।

रोक सकता हमें ज़िंदाने-बला[20] क्या 'मजरूह'
हम तो आवाज़ हैं दीवार से छन जाते हैं।

1973

---

1. मक़्तल (वधस्थल) की ओर, 2. बगीचे की सैर को, 3. दिलवाले, रसिक, 4. हाथ, हथेली (कफ़) में शराब का प्याला लिए, 5. सर पर कफ़न बांधे, 6. उन्माद की ऋतु, 7. बादल, 8. मरुस्थल, 9. छाया करते हुए, 10. फूलों की डाली, 11. चाल की चंचलता, 12. आवाज़, 13. लाभ, दान, 14. कहने, कविता कहने की शैली, 15. प्रभात-समीर, 16. साथ, 17. उपवन की ओर, 18. उन्मादियों (प्रेमियों) का कारवाँ, 19. सूली की रस्सी, तार, 20. विपत्ति-पूर्ण-कारागार

41

गो रात मेरी सुब्हा की महरम[1] तो नहीं है।
सूरज से तेरा रंगे-हिना[2] क़म तो नहीं है।

कुछ जख़्म ही खायें, चलो कुछ गुल[3] ही खिलायें
हर चंद बहाराँ[4] का ये मौसम तो नहीं है।

चाहे वो किसी का हो लहू दामने-गुल[5] पर
सैयाद[6], ये कल रात की शबनम[7] तो नहीं है।

इतनी भी हमें बंदिशे-ग़म[8] कब थी गवारा
परदे में तेरी काकुले-पुरख़म तो नहीं है।

अब कारगहे-दह्र[10] में लगता है बहुत दिल
ऐ दोस्त कहीं ये भी तेरा ग़म तो नहीं है।

सहरा[11] में बगूला[12] भी है 'मजरूह' सबा भी
हम सा कोई आवारा-ए-आलम[13] तो नहीं है।

18, फरवरी 1976

---

1. रहस्य जाननेवाली, राज़दार, मर्मज्ञ, 2. मेंहदी की पत्ती का रंग, 3. फूल खिलाना, कमाल करना, 4. वसंत मनाना, 5. फूल का आंचल दामन-वस्त्र का अगला भाग, 6. व्याध, पक्षी पकड़ने वाला, शिकारी, 7. ओस की बूँदे, 8. दुख के बंधन, 9. घुँघराली लटें, 10. जगत का कारखाना, 11. रेगिस्तान, मरुस्थल, 12. धूलि-चक्र, 13. विश्व में आवारा,

42

दाग़ से महकी[1] हुई ज़ख़्मों[2] से लाला-पैरहन[3]
किस क़दर[4] मिलती है शाख़े-दर्द[5] से शाख़े-चमन[6]।

फ़र्शे-गुल,[7] मीनाए-मय[8], शमए-सहर[9], साज़े-सुख़न[10]
सब उठे लेकिन न उट्ठा मैं ख़राबे-अन्जुमन[11]।

मुज़दाए-याराने-तिश्ना[12], दिल से फूटा फिर लहू[13]
ऐ शबे-तारे-अज़ीज़ाँ[14] फिर जला दाग़े-कुहन[15]।

साज़[16] में अब शोरिशे-ग़म[17] लाये मुतरिब[18] किस तरह
उस की धुन[19] पाबंदे-नै,[20] नग़मा हमारा[21] नै-शिकन।

देखिए कब तक बलाए-जाँ[22] रहे इक हर्फ़े-शौक़[23]
दिल-हरीसे-गुफ़्तगू और चश्मे-ख़ूबाँ[26] कम-सुख़न।

सच तो है 'मजरूह' ने उस गुल[27] से कुछ पैमाँ[28] लिए
ये ख़बर लेकिन कहाँ से ले उड़ा मुर्ग़े-चमन[29]

1 जुलाई 1976

---

1. सुगंधित, 2. घाव, 3. लाल रंग के फूलों का वस्त्र पहने हुए, 4. कितनी अधिक, 5. पीड़ा की डाली, 6. उपवन की डाली, 7. फूलों का बिछौना या दरी, 8. शराब की सुराही सुराधानी, 9. प्रभात की मोमबत्ती, 10. कविता का बाजा वाद्ययंत्र, 11. सभा का तिरस्कृत, 12. शुभ-सूचना प्यासे हृदय वाले मित्रों के लिए, 13. रक्त, 14. प्रियजनों की अंधेरी रात, 15. पुराना (कुहन) दाग़, 16. वाद्ययंत्र, 17. दुखों का कोलाहल, 18. गवैया, 19. बाँसुरी के सुरों का आधीन, मजबूर, 20. गीत, 21. वंशी की धुनको तोड़ या मोड़ देने वाला, वंशी की तान से ऊँचा, 22. जान की मुसीबत, 23. आकांक्षा या प्रेम का शब्द, 24. प्रिय से वार्तालाप का लोलुप, 25. सुंदर प्रिय की आँख, 26. कम बोलनेवाला, 27. फूल, 28. वचन, 29. उपवन का पक्षी

43

ख़ंजर[1] की तरह बूए-समन[2] तेज़ बहुत है
मौसम की हवा अब के जुनूँ-खेज़[3] बहुत है।

रास आए तो हर सर पे बहुत छाँव घनी है
हाथ आए तो हर शाख़[4] समर-रेज़[5] बहुत है।

लोगो मेरी गुलकारी-ए-वहशत[6] का सिला क्या
दीवाने[7] को इक हर्फ़े[8]-दिल-आवेज़[9] बहुत है।

मसलूब[10] हुआ कोई सरे-राहे-तमन्ना[11]
आवाज़े-जरस[12] पिछले पहर तेज़ बहुत है।

'महरूह' सुने कौन-तेरी तल्ख़-नवाई[13]
गुफ़्तारे-अज़ीज़ाँ[14] शकर-आमेज़[15] बहुत है।

3 फ़रवरी, '76

---

1. कटार, 2. चमेली की फूल की गंध, 3. उन्मादक, 4. डाली, शाखा, 5. फल देने वाली, 6. दीवानगी, वहशत की नक्काशी, बेलबूटे, 7. उन्मत्त, प्रेमी, 8. शब्द, 9. आकर्षक, 10. सूली पर चढ़ा, 11. आकांक्षा के मार्ग पर, 12. घंटे की आवाज़, 13. कड़वी बातें, कटु वचन, 14. प्रियजनों की बातें, 15. शकर घुलाई हुई, मीठी

44

हम को जुनूँ[1] क्या सिखलाते हो, हम थे परेशाँ तुम से ज़ियादा।
चाक[2] किए हैं, हमने अज़ीज़ो[3] चार गरेबाँ[4] तुम से ज़ियादा।

चाके-जिगर[5] मोहताजे-रफ़ू[6] है, आज तो दामन सिर्फ़ लहू है
इक मौसम था हम को रहा है, शौक़े-बहाराँ[7] तुम से ज़ियादा।

अहदे-वफ़ा[8] यारों से निभायें, नाज़े-हरीफ़ाँ[9] हँस के उठाएँ
जब हमें अरमाँ तुम से सिवा था, अब हैं पशेमाँ[10] तुम से ज़ियादा।

हम भी हमेशा क़त्ल हुए और, तुम ने भी देखा दूर से लेकिन
ये न समझना हम को हुआ है, जान का नुक़्साँ[11] तुम से ज़ियादा।

जाओ तुम अपने बाम[12] की ख़ातिर, सारी लवें[13] शमओं[14] की कतर लो
ज़ख़्म[15] के महरो-माह[16] सलामत, जश्ने-चिराग़ाँ[17] तुम से ज़ियादा

देख के उल्झन ज़ुल्फ़े-दोता[18] की, कैसे उलझ पड़ते हैं हवा से
हम से पूछो, हम को है यारो, फ़िक्रे-निगाराँ[19] तुम से ज़ियादा

ज़ंजीरो-दीवार ही देखी, तुम ने तो 'मजरूह', मगर हम,
कूचा-कूचा देख रहे हैं, आलमे-ज़िंदाँ[20] तुम से ज़ियादा

1980

---

1. उन्माद, 2. फाड़े है, 3. प्रियजनों, प्यारो, 4. कॉलर, वस्त्र का गले के पास का भाग, 5. फटा हुआ जिगर, 6. रफ़ू चाहता है, 7. वसंत ऋतुओं का शौक या प्रेम, 8. प्रेम निभाने की प्रतिज्ञा, 9. प्रतिद्वंद्वियों के नखरे, 10. लज्जित, पछताए, 11. हानि, 12. छत के लिए, 13. बाती, 14. अर्थात रोशनी करने की लिए, 15. घाव, 16. मेह्र=सूर्य, माह=चाँद : चाँद सूरज, 17. रौशनियों का जश्न, 18. प्रिय के केशों की, 19. सुंदरियों (देश) की चिंता, 20. क़ैद-ख़ाने का-सा दृश्य

45

वो तो गया, ये दीदा-ए-खूँबार[1] देखिए
दामन पे रंगे-पैरहने-यार[2] देखिए।

दिखला के वो तो ले भी गया शोख़ीए-ख़िराम[3]
अब तक हैं रक़्स[4] में दरो-दीवार[5] देखिए।

उक्ता के हमने तोड़ी थी ज़ंजीरे-नामो-नंग[6]
अब तक फ़िज़ा[7] में है वहीं झंकार देखिए

सीने में छुप गया है तुलूए-सहर के साथ
अब शाख़े-दिल[9] पे वो गुले-रुख़सार[10] देखिए।

बर्क़े-तपीदा[11], बादे-सबा[12] शोला[13] और हम
हैं कैसे-कैसे उसके गिरफ़्तार[14] देखिए।

पहले भी तेज़-रौ[15] थे पर उस दिलनशीं[16] के साथ
ये चश्मे-नम,[17] ये मस्तीए-रफ़तार[18] देखिए।

'मजरूह' के लबों[19] से ये ख़ुशबू[20] न जा सकी
बख़्शी[21] जो उसने दौलते-बेदार[22] देखिए।

---

1. खून टपकाती आँख, 2. प्रिय के वस्त्र का रंग, 3. मंद चाल की चंचलता, 4. नृत्य, 5. द्वारा और दीवार, 6. प्रसिद्धि और नंग की बेड़ी, 7. वातावरण, 8. प्रभात का उदय, 9. हृदय की डाली, 10. कपोल के फूल, 11. आग बरसाती हुई बिजली, 12. प्रभात-समीर, 13. आग की लपटें, 14. बंदी, 15. तेज दौड़नेवाले, 16. मन-मोहने वाली, प्रिय, 17. भी गी आँख, 18. चाल की मस्ती, 19. होठों 20. सुगंध, 21. वरदान, 22. जागृत या हमेशा रहनेवाली दौलत

46

बनामे-कूचा-ए-दिलदार[1] गुल[2] बरसे कि संग[3] आए
हँसा है चाके-पैराहन[4] न क्यों चेहरे पे रंग आए।

बचाते फिरते आख़िर कब तलक[5] दस्ते-अज़ीज़ाँ[6] से
उन्हीं को सौंप कर हम तो कुलाहे-नामो-नंग[7] आए।

हँसो मत अहले-दिल[8] अपनी सी जानो बज़्मे-ख़ूबाँ[9] में
चले आए इधर हम भी, बहुत जब दिल से तंग[10] आए।

कहाँ सहने-चमन[11] में बात कूए-सरफ़रोशाँ[12] की
इधर से सादा-रू[13] पहुँचे, उधर से लाला-रंग[14] आए।

करो 'मजरूह' तब दारो-रसन[15] के तज़किरे[16] हम से
जब उस क़ामत[17] के साये में तुम्हें जीने का ढंग आए।

16 जून 1981

1. प्रिय की गली के नाम से, 2. फूल, 3. पत्थर, 4. वस्त्र के फटे हुए भाग, 5. तक, 6. अपनों के हाथों, 7. नाम और सम्मान की टोपी या ताज, 8. दिलवालो, रसिको, 9. सुंदरियों की सभा, 10. उपवन का आँगन, 11. सर बेचने जान की परवाह न करनेवालों की गली, 12. सूली दार और उसकी रस्सी रसन, 13. सादा मुख, सादगी से, 14. लाला : लाल फूलों के रंग के, 15. सूली (दार) और उसकी रस्सी (रसन), 16. चर्चे, वर्णन, 17. कद

47

उस बाग[1] में वो संग़[2] के काबिल[3] कहा न जाय
जब तक किसी समर[4] को मेरा दिल कहा न जाय।

शाख़ों[5] पे नोके-तेग़[6] से क्या क्या लिखे हैं फूल
अंदाज़े-लाला-कारीए-क़ातिल[7] कहा न जाय।

किस के लहू के रंग हैं ये ख़ारे-शोख़-रंग[8]
क्या गुल[9] कतर गई रहे-मंज़िल[10], कहा न जाय।

बाराँ[11] के मुन्तज़िर[12] हैं समन्दर पे तिशना-लब[13]
अहवाले-मेज़बानी-ए-साहिल[14] कहा न जाए।

मेरे ही संगो-ख़िश्त[15] से तामीरे-बामो-दर[16]
मेरे ही घर को शहर में शामिल कहा न जाए।

ज़िंदाँ[17] खुला है जब से हुए हैं रिहा[18] असीर
हर गाम[19] है वो शोरे-सलासिल[20] कहा न जाए।

हम अहले-इश्क़[21] में नहीं हर्फ़े-गुनह[22] से कम
वो हर्फ़े-शौक़[23] जो सरे-महफ़िल[24] कहा न जाए।

जिस हाथ में है तेग़े-जफ़ा[25] उसका नाम लो
'मजरूह' से तो साए[26] को क़ातिल कहा न जाए।

2, नवंबर 1981

---

1. बगीचा, उपवन, 2. पत्थर, 3. योग्य, 4. फल, 5. डालियों, 6. तलवार की अनी, 7. कातिल वधक का लाल रंग में रंगने का अंदाज, 8. भड़कीले रंग के काँटे, 9. बाती, 10. लक्ष्य पाने का मार्ग, 11. वर्षा, 12. इंतेजार करते, 13. प्यासे होंठो वाले, 14. तट के आतिथ्य मेजबानी का वृत्तांत (अहवाल), 15. पत्थर और ईट, 16. छत (बाम), और द्वार का निर्माण, 17. कारागार, जेल, 18. कैदी आजाद हुए, 19. डग, कदम, 20. जंजीरों (बेड़ियों) का शोर, 21. प्रेमीगण, 22. पाप के अक्षर, 23. आकांक्षा या आरज़ू के अक्षर, 24. भरी सभा में, 25. अन्याय (जफ़ा) की तलवार, 26. परछाईं

48

मुझ से कहा ज़िब्रीले-जुनूँ ने[1] ये भी वही-ए-इलाही[2] है
मज़हब[3] तो बस मज़हबे-दिल[4] है बाकी सब गुमराही[5] है।

वो जो हुए फ़िरदौस-बदर[6] तक़्सीर[7] थी वो आदम[8] की मगर
मेरा अज़ाबे-दर-बदरी[9] मेरी नाकरदा-गुनाही[10] है।

हर्फ़े-तलब[11] सीने में कुचल दो शर्ते-वफ़ा[12] ठहरी है यही
काट के रख दो अपनी ज़ुबाँ फ़रमाने-ज़िल्ले-इलाही[13] है।

संग तो कोई बढ़ के उठाओ शाख़े-समर कुछ दूर नहीं
जिसको बुलंदी[16] समझे हो इन हाथों की कोताही[17] है

फिर कोई मंज़र[18] फिर वही गर्दिश[19] क्या कीजे ऐ कू-ए-निगार[20]
मेरे लिए ज़ंजीरे-गुलू[21] मेरी आवारा-निगाही[22] है।

दूर से इस को चाके-मलामत[23] जान के नासेह[24] खुश हैं बहुत
लेकिन मेरे गरेबाँ[25] पर तो उस काजल[26] की स्याही है।

---

1. जिबील=एक मशहूर फरिश्ता जो खुदा के पैगाम पैगम्बरों तक पहुँचाता है। प्रेमोन्मादों प्रेमियों का फरिश्ता, 2. वही-वह्य=खुदा का पैगाम जो पैगम्बरों पर उतरता है, खुदा का पैगाम, 3. धर्म, 4. प्रेम-धम्र, दिल का धर्म, 5. पथ या धर्म भ्रष्ट होना, 6. जन्नत से बाहर निकला जाना, 7. दोष, 8. विश्व का प्रथम पुरुष और पैगम्बर, जिन्होंने खुदा द्वारा मना किया गया गेहूँ खाया ओर जन्नत से निकाल कर धरती परभेज दिए गए, 9. भटकने की यातना, 10. न किए हुए पाप, 11. इच्छा या दिल की माँग का शब्द, 12. वफादारी की शर्ते प्रतिज्ञा, पालन का पण, 13. खुदा का हुक्म, यहाँ शासक का राजादेश, 14. पत्थर, 15. फलों से लदी डाली, 16. ऊँचाई, 17. छोटापन, 18. दृश्य, 19. चक्कर, 20. प्रिय की गली, 21. गले की बेड़ी, 22. नजरों का बहकना, 23. धिक्कार के कारण कपड़े का फटना, 24. उपदेशक, 25. कॉलर, वस्त्र का अगला भाग, 26. कालिक,

बह्रे-ख़ुदा[27] ख़ामोश रहो बस देखते जाओ अहले-नज़र[28]
क्या लग़्ज़ीदा-क़दम[29] हैं उसके क्या दुज़दीदा-निगाही[30] है।

दीद के क़ाबिल[31] है तो सही 'मजरूह' तेरी मस्ताना-रवी[32]
गर्दे-हवा[33] है रख़्ते-सफ़र[34], रस्ते का शजर[35] हमराही[36] है।

1994

27. खुदा के लिए, 28. नजरवाले, 29. लड़खड़ाते, कदम, 30. चोर नजरों से देखो, 31. देखने योग्य, 32. मस्त चाल, 33. हवा का बगूला, धूलि-चक्र, 34. पथ का साथी, 35. पेड़, 36. सह-यात्री

49

(बर[1] तरह 'सिराज' औरंगाबादी[2]).
(''चाँदनी दूध सी छटकी है मेरे आँगन में'' — 'सिराज')

आब्ला-पा[3] कोई गुज़रा था जो पिछले सन[4] में
सुर्ख़[5] काँटों की बहार आई है अब के बन में।

देखना रंगे-बदन[6] यार के पैराहन[7] में
चाँदनी दूध सी छटकी है मेरे आँगन में।

देखना दीदा-वरो[8], आमदे-तूफ़ाँ[9] तो नहीं
टपकी है दर्द की इक बूँद मेरे आँगन में।

मैं हम-आग़ोशे-सनम[10] था मगर ऐ पीरे-मुग़ाँ[11]
ये शिकन[12] कैसे पड़ी आप के पैराहन में।

कुछ न कुछ आज असीरों[13] ने कहा तो है ज़रूर
एक-इक गुल[14] से लिपटती है सबा[15] गुलशन[16] में।

सहल[17] इतने भी नहीं ऐ सितम-ईजाद[18] कि हम
थाम लेते हैं गरेबान[19] दिवाने-पन में।

सरे-तस्लीम[20] नहीं बाजू-ए-क़ातिल[21] का जवाब
आख़िरश[22] मारे गए ख़ुद भी मसीहा[23] रन।

जा रहे हो तो ज़रा देखना तुम भी 'मजरूह'
मेरी आँखें वही ज़िंदाँ[24] के किसी रौज़न[25] में।

---

1. वर तरह : ग़ज़ल की क़ाफ़िये और रदीफ़ से युक्त पंक्ति, 2. 'सिराज औरंगाबादी' : उर्दू के एक सूफ़ी शाएर, 3. जिसके पैर (पा) में छाला आब्ला हो, 4. युग, 5. लाल रंग, 6. बदन का रंग, 7. वस्त्र, लिबास, 8. नजरवालो, 9. तूफान का आना, 10. प्रिय से आलिंगन की अवस्था, 11. बूढ़ा (आग का) पुजारी (उपदेशक) 12 बल 13 कैदियों, बंदियों, 12. बल, 13. कैदियों, बंदियों, 14. फूल, 15. सबेरे की ठंडी और हल्की हवा, 16. बगीचा, 17. आसान, 18. आत्याचार के आविष्कारक (अत्याचारी), 19. कुर्ते आदि का गला (कॉलर), 20. स्वीकृति का शब्द, 21. खूनी की बाँह, 22. अंततः, 23. जीवन तथा स्वास्थ्य प्रदान करने वाला, 24. जेल, कारागार, 25. छेद

अपनी इन दोनों ग़ज़लों को 'मजरूह' ने अपने ग़ज़ल-संग्रह 'ग़ज़ल' में शामिल नहीं किया था बल्कि फुटकर अश्आर में रखा था।

50

महो-खुर्शीद[1] भी साग़र-बकफ़[2] होकर उतर आए
बवक़्ते-बादा-नोशी[3] जब निचोड़ी आस्तीं मैं ने।

वो बादे-अर्ज़े-मतलब,[4] हाय रे शौक़े-जवाब[5] अपना
कि वो ख़ामोश थे और कितनी आवाज़ें सुनी मैंने

मिलाई आँख़ साक़ी[1] से जो रोज़े-अव्वलीं मैंने
तो पहुँचा हूँ कहीं जाकर, क़दम रखा कहीं मैंने।

---

1. चाँद और सूरज, 2. हाथों में शराब का प्याला लिए हुए, 3. शराब बादा पीते नोशी समय, 4. आने का उद्देश्य बताने के बाद, 5. उत्तर पाने की तीव्र इच्छा

1. मधुवाला, शराब पिलानेवाला, 2. प्रथम दिवस, 3. चरण

51

न मिट सकेंगी ये तन्हाइयाँ[1] मगर ऐ दोस्त
जो तू भी हो तो तबीयत जरा संभल जाये।

दिले-ख़राब[2] में इस तरह उसकी याद आई
कि दश्त में कहीं जैसे चराग़ जल जाए

तेरी तलब से तो है उसकी अज़मतें[3] 'मजरूह'
वो क्यों मिले कि तमन्ना[4] तेरी निकल जाए।

---

1. एकाकीपन, 2. भग्न-हृदय (टूटा दिल), 3. महानता 4. आरज़ू

कुछ और शेर

हम ही काबा[1], हम ही बुतख़ाना[2], हमीं हैं कायनात[3]
हो सके तो ख़ुद को भी इक बार सजदा[4] कीजिए।

बढ़ाई मय[5] जो मुहब्बत[6] से आज साक़ी[7] ने
ये काँपे हाथ कि साग़र[8] भी हम उठा न सके।

पाकबाजी[9] में हैं नूरे-आरिज़े-लाला-रुख़ाँ[10]
हैं सियह-कारी[11] में कुहले-नरगिसे-मस्ताना[12]हम।

शबे-इन्तेज़ार[13] की कशमकश[14] में न पूछ कैसे सहर[15] हुई
कभी इक चराग[16] बुझा दिया कभी इक चराग़ जला दिया।

तेरी चश्मे-शोख़[17] को क्या हुआ, नहीं होती आज हरीफ़े-दिल[18]
मेरे जोअमे-इश्क़[19] की खैर हो, ये किसे नज़र से गिरा दिया।

नज़्ज़ारा-हाए-दहर[20] बहुत खूब हैं मगर
अपना लहू[21] भी सुर्ख़ी-ए-शामो-सहर[22] में है।

गुलों[23] से भी न हुआ, जो मेरा पता देते
सबा[24] उड़ाती फिरी ख़ाक[25] आशियाने[26] की।

जफ़ा[27] के नाम पे तुम क्यों सँभल के बैठ गए
तुम्हारी बात नहीं बात है ज़माने की।

---

1. हज-स्थल, 2. मंदिर, 3. जगत, 4. माथा टेककर प्रमाण करना, 5. शराब, 6. प्रेम, 7. शराब पिलाने वाली, 8. शराब का प्याला, 9. पवित्रता, 10. फूलों (लालों) जैसे चेहरे वालों (रुखाँ) के गालों (आरिज) का तेज, 11. दुराचार, 12. चंचल नरगिस (फूल, प्रिय) की टोपी (कुहूल) की तरह, 13. प्रतीक्षा की रात्रि, 14. द्वन्द्व, 15. सबेरा, 16. दिया, 17. चंचल आँख, 18. दिल का शत्रु, 19. इश्क के घमण्ड की 20. विश्व के दृश्य, 21. रक्त, 22. प्रभात और संध्या के समय की लालिमा 23 फूलों, 24. प्रभात-समीर, 25. मिट्टी, धूल, 26. घोंसला, मकान, 27. निर्दयता

वो आ रहे हैं सँभल-सँभल कर, नज़ारा[1] बेख़ुद[2], फ़ज़ा[3] जवाँ है
झुकी-झुकी हैं नशीली[4] आँखें, रुका-रुका दौरे-आस्माँ[5] है।

दो शेर

हट के रूए-यार[6] से तजईने-आलम[7] कर गई
वो निगाहें जिन को अब तक राएगाँ[8] समझा था मैं।

उस नज़र[9] को अपने दिल का पासबाँ[10] समझा था मैं
बर्क़े-सोज़ाँ[11] को चराग़े-आशियाँ[12] समझा था मैं।

1945

अश्कों[13] में रंगो-बूए-चमन[14] दूर तक मिले
जिस दम[15] असीर[16] होके चले गुलसिताँ से हम।

अब सोचते हैं लाएँगे तुझ सा कहाँ से हम।
उठने को उठ तो आए तेरे आस्ताँ[17] से हम।

मुसर्रत[18] हो कि ग़म[19] सब से गुज़रता जा रहा हूँ मैं
ग़मे-दौराँ[20] सलामत अब संभलता जा रहा हूँ मैं।

इस तरह से कुछ रात को टूटे हैं सितारे
जैसे वो तेरी लग़ज़िशे-पा[21] देख रहे हैं।

हाँ अब तो ज़रा गर्दिशे-ऐयाम[22] ठहरना
वो मेरी तरफ़ नामे-ख़ुदा[23] देख रहे हैं।

---

1. दृश्य, 2. होश खोनेवाला, 3. वातावरण जोश पर है, 4. मादक, 5. आकाश का चक्र 6. मित्र के चेहरे, 7. विश्व-सज्जा, 8. व्यर्थ 9. दृष्टि, 10. रखवाला, 11. ज्वलंत बिजली, 12. घोंसले घर का दिया 13. आँसुओं, 14. उपवन के रंग और गंध, 15. घड़ी, क्षण, 16. बंदी, 17. चौखट, देहलीज़ 18. सुख, 19. दुख, 20. विश्व (जमाने) का दुःख, 21. कदमों की लड़खड़ाहट, 22. समय का चक्र, 23. ख़ुदा के नाम पर

होके बेताब[1] उठी चश्मे-मुहब्बत[2] 'मजरूह'
उस से देखा न गया बज़्म[3] में ख़ामोश मुझे।

1949

मतलूबे-नज़र[4] तब चेहरा था मक़्सूदे-हयात[5] अब ग़म तेरा
अब तू भी कहीं मिल जाए तो मैं शायद न तुझे पहचान सकूँ।

दिल की तमन्ना थी मस्ती में, मंज़िल से भी दूर निकलते
अपना भी कोई साथी होता, हम भी बहकते चलते-चलते।

जुनूँ[6] थका हुआ आँखों में रोशनी कम सी
अब ऐसे वक़्त में आए भी तुम तो क्या आए।

स्याहियाँ[7] शबे-फ़ुरक़त[8] की हम-नफ़स[9] मत पूछ
किसी को याद जो कीजे तो याद आ न सके।

वो तक रहे थे हमीं हँस के पी गए आँसू
वो सुन रहे थे हमीं कह सके न अफ़साने[10]।

तसव्वुर[11] में उसने नज़र जो उठा दी
फ़ज़ा[12] बोल उठी, कहकशाँ[13] मुस्करा दी।

तेरे सिवा भी कहीं थी पनाह[14] भूल गए
निकल के हम तेरी महफ़िल[15] से राह भूल गए।

मेरी सूरत[16] को तू पहचान सके
एक दिन मैं भी तेरी बारगहे-नाज़[17] में था।

---

1. व्याकुल, 2. प्रेम-दृष्टि, 3. सभा 4. दृष्टि की अभिलाषा, 5. जीवन का उद्देश्य 6. उन्माद, 7. यहाँ दुर्भाग्य, 8. जुदाई की रात, 9. साथी, 10. कथा, यहाँ अपना हाल 11. कल्पना, 12. वातावरण, 13. आकाशगंगा, 14. शरण, 15. सभा, 16. मार्ग, 17. चेहरा, 18. गर्व या हाव-भाव का दरबार

हाय वो साअत[1] कि वक़्ते-शौक़[2] था हर-हर[3] नफ़स
आह ये आलम[4] कि अब तेरी तमन्ना[5] भी नहीं।

रूए-मशरिक़[6] की क़सम हम को है इतना मालूम
शबे-दौराँ[7] तेरे पहलू[8] में सहर[9] है कि नहीं।

1954

कुछ बता तू ही नशेमन[10] का पता
मैं तो ऐ-बादे-सबा[11] भूल गया।

क़तआ

मुझे भी बुल-हवस[12] समझा ज़माना
किसे बख़्शूँ[13] निगाहे-शायराना[14]
वो शोला[15] हो कि शबनम[16], ख़ार[17] या गुल[18]
मुझेआता नहीं दामन[19] बचाना

1. क्षण, 2. प्रेम की अभिलाषा के समय, 3. हर एक व्यक्ति, 4. हालत, 5. इच्छा 6. पूर्व का चेहरा, 7. ऐ ज़माने की रात, 8. गोद, बगल, 9. प्रभात, 10. घोंसला, 11. सुबह की हवा 12. लोलुप, लोभ, 13. दूँ, प्रदान करूँ, 14. काव्यात्मक दृष्टि, 15. अग्नि-ज्वाला, 16. ओसकण, 17. काँटा, 18. फूल, 19. आँचल

'मजरूह' सुल्तानपुरी के फ़िल्मी नग़्में

1

रहते थे कभी जिनके दिल में हम जान से भी प्यारों की तरह
बैठे हैं उन्हीं के कूचे में हम आज गुनहगारों की तरह।

दावा था जिन्हें हमदर्दी का .खुद आ के न पूछा हाल कभी
मेहफ़िल में बुलाया है हमको हँसने को सितमगारों की तरह।

बरसों के सुलगते तन-मन पर अश्कों के तो छींटे दे न सकें।
तपते हुए दिल के ज़ख़्मों पर बरसे भी तो अंगारों की तरह।

सौ रूप भरे जीने के लिए, बैठे हैं हज़ारों ज़हर पिए
ठोकर न लगाना हम खुद हैं गिरती हुई दीवारों की तरह।

फ़िल्म–ममता

2

मेरा तो जो भी क़दम है वो तेरी राह में है
कि तू कहीं भी रहे तू मेरी निगाह में है।

खरा है दर्द का रिश्ता तो फिर जुदाई क्या
जुदा तो होते हैं वो खोट जिनकी चाह में है।

छुपा हुआ सा मुझी में है तू कहीं ऐ दोस्त
मेरी हँसी में नहीं है तो मेरी आह में है।

फिल्म–दोस्ती

3

कहीं बेख़्याल होकर यूँ ही छू लिया किसी ने
कई ख़्वाब देख डाले यहाँ मेरी बेखुदी ने।

मेरे दिल में कौन है तू कि हुआ जहाँ अन्धेरा
वहीं सो दिए जलाये तेरे रुख़ की चाँदनी ने।

कभी उस परी का कूचा, कभी इस हसीं की मेहफ़िल
मुझे दर बदर फिराया, तेरे दिल की सादगी ने।

है भला सा नाम उसका, मैं अभी से क्या बताऊँ
किया बेक़रार अकसर मुझे एक आदमी ने।

अरे मुझ पे नाज़ वाले ये नियाज़-मंदियाँ क्यों
है यही करम तुम्हारे तो मुझे न दोगे जीने।

फ़िल्म–तीन देवियाँ

4.

झुका झुका के निगाहें मिलाए जाते हैं।
बचा बचा के निशाने लगाए जाते हैं

हुज़ूर जब से मेरे दिल पे छाए जाते हैं
ये हाल है कि कदम डगमगाए जाते हैं

हमें तो आपकी इस अदा ने लूट लिया
नज़र उठाते नहीं मुस्कुराये जाते हैं

जिन्हें हो इश्क़, ज़ुबाँ से वो कुछ नहीं कहते
ये आप हैं कि मोहब्बत जताए जाते हैं

हमीं से सीखी अदाएँ हमी पे वार किया
हमारे तीर हमीं पर चलाए जाते हैं

हुज़ूर को मैं दिवाना कहूँ तो फिर क्या हो
कि बिन बुलाए मेरे घर में आए जाते हैं।

फिल्म : मिस कोका कोला

5.

साथी न कोई मंज़िल, दिया है न कोई महफ़िल
चला मुझे लेकर ऐ दिल, अकेला कहाँ।

हमदम मिले कोई कहीं ऐसे नसीब ही नहीं
बे-दर्द है ज़मीं, दूर है आस्माँ।

गलियाँ हैं अपने देश की फिर भी है ऐसी अजनबी
किसको कहे कोई अपना यहाँ।

पत्थर के आशना मिले, पत्थर के देवता मिले,
शीशे का दिल लिए, जाऊँ कहाँ।

फिल्म : बंबई का बाबू

6.

हमारे बाद अब महफ़िल में अफ़साने बयाँ होंगे
बहारें हम को ढूँढेंगी न जाने हम कहाँ होंगे।

इसी अंदाज़ से झूमेगा मौसम, गाएगी दुनिया
मुहब्बत फिर हसीं होंगी, नज़ारे फिर जवाँ होंगे।

न हम होंगे, न तुम होंगे, न दिल होगा मगर फिर भी
हज़ारों मंज़िलें होंगी, हज़ारों कारवाँ होंगे।

फिल्म : बाग़ी

7.

ये माना दिल जिसे ढूँढे बड़ी मुश्किल से मिलता है
मगर जो ठोकरें खाये, वहीं मंज़िल से मिलता है।

चलो बैठे क्यों बेकार क़िस्मत के दोराहे पर
वही रस्ता है सीधा जो तुम्हारे दिल से मिलता है।

अगर दुश्मन कोई तूफ़ाँ उठाए भी तो क्या परवा
सफ़ीना रौंदकर तूफ़ान को साहिल से मिलता है।

8.

तेरी आँखों की चाहत में तो मैं सब कुछ लुटा दूँगा
मुहब्बत कैसे की जाती है दुनिया को दिखा दूँगा।

तेरे नाज़ूक हसीं कदमों के नीचे हमसफ़र मेरे
जहाँ होगा कोई काँटा वहाँ मैं दिल बिछा दूँगा।

तमन्ना है कि हो रौशन तेरी दुनिया, तेरी महफ़िल
उजाला मिल सके तुझ को तो अपना घर जला दूँगा।

बहारों चीज़ है क्या, क्या है फूल, कलियाँ किसको कहते है
हो मेरा दिल सलामत मैं तेरा जीवन सजा दूँगा।

फिल्म : जनता हवलदार

9.

हम हैं राही प्यार के हम से कुछ न बोलिए
जो भी प्यार से मिला हम उसी के हो लिए।

दर्द भी हमें क़ुबूल, चैन भी हमें क़ुबूल
हम ने हर तरह के फूल हार में पिरो लिए।

धूप थी नसीब में धूप में लिया है दम
चाँदनी मिली तो हम चाँदनी में सो लिए।

दिल पे आसरा किए दिल हम तो बस युँही जिए
इक क़दम पे हँस लिए, इक क़दम पे रो लिए

राह में पड़े हैं हम कब से आप की क़सम
देखिए तो कम से कम, बोलिए न बोलिए।
हम हैं राहीं प्यार के...

फिल्म : नौ दो ग्यारह

10.

पहले सौ बार इधर और उधर देखा है
तब कहीं जा के तुम्हें एक नजर देखा है।

हम पें हँसती है जो दुनिया उसे देखा ही नहीं
हम ने उस शोख़ को ऐ दीदा-ए-तर देखा है।

आज उस एक नज़र पर मुझे मर जाने दो
उसने लोगो बड़ी मुश्किल से इधर देखा है।

क्या ग़लत है जो मैं दीवाना हुआ सच कहना
मेरे मेहबूब को तुम ने भी अगर देखा है।

फिल्म : एक नज़र

11.

हमीं करें कोई सूरत उन्हें बुलाने की
सुना है उनको तो आदत है भूल जाने की।

जफ़ा के नाम पे तुम क्यों संभल के बैठ गए
तुम्हारी बात नहीं बात है ज़माने की।

जो हम तक आई तो कतरा के इस तरह से न जा
निगाहे–नाज़ ये बातें हैं दिल दुखाने की।

फिल्म : एक नज़र

12.

कोई मेरे दिल में ख़ुशी बनके आया
अंधेरा था घर रौशनी बन के आया

धड़कता है दिल जाग उठी हैं उमंगें
मुहब्बत की वो ज़िंदगी बनके आया

मुहब्बत ने छेड़ा है फिर साज़ दिल का
वो तार में रागनी बन के आया

समाया था जो दिल में इक दर्द बन कर
वो होंटों पे मेरी हँसी बन के आया।

फिल्म : अंदाज़

13.

उठाए जा उनके सितम और जिए जा
यों ही मुस्कराये जा, आँसू पिये जा।

यही है मुहब्बत का दस्तूर ऐ दिल
वो ग़म दें तुझे तू दुआएँ दिए जा।

कभी वो नज़र जो समाई थी दिल में
उसी इक नज़र का सहारा लिए जा।

सताये ज़माना सितम ढाये दुनिया
मगर तू किसी की तमन्ना किए जा।

फिल्म : अंदाज़

14.

आँचल में सजा लेना कलियाँ ज़ुल्फों में सितारे भर लेना
ऐसे ही कभी जब शाम ढले तब याद हमें भी कर लेना

आया था यहाँ बेगाना सा, चल दूँगा कहीं दीवाना सा
दीवाने की ख़ातिर तुम कोई इल्जज्ञाम न अपने सर लेना
आँचल...
रस्ता जो मिले अनजान कोई, आ जाए अगर तूफ़ान कोई
अपने को अकेला जान के तुम, आँखों में न आँसू भर लेना।
आँचल...

फिल्म : फिर वही दिल लाया हूँ

15.

हमें ऐ दिल कहीं ले चल, बड़ा तेरा करम होगा
हमारे दम से है हर ग़म, ना होंगे हम ना ग़म होगा, हमें...

ख़बर क्या थी बहार आकर हमारे आशियाने पर
नई बिजली गिरायेगी नया हम पे सितम होगा, हमें ऐ दिल....

तमन्नाओं से बदली है ना बदलेगी कभी क़िस्मत
लिखा है जो मुक़द्दर में वही तेरा करम होगा, हमें ऐ दिल

फिल्म : चाँदनी चौक

16.

(यह ग़ज़ल साहित्यिक है, बाद में फिल्मी गीत बनी)

हम है मता-ए-कूचा-ओ-बाज़ार की तरह
उठती है हर निगाह ख़रीदार की तरह।

वो तो कहीं है और मगर दिल के आस-पास
फिरती है काई शै निगह-ए-यार की तरह।

'मजरूह' लिख रहे हैं वो अहले-वफ़े का नाम
हम भी खड़े हुए हैं गुनहगाह की तरह।

फिल्म : दस्तक

17.

कोई हमदम न रहा, कोई सहारा न रहा
हम किसी के न रहे, कोई हमारा न रहा।

शाम तन्हाई की है आएगी मंज़िल कैसे
जो मुझे राह दिखा दे वही तारा न रहा।

ऐ नज़ारो न हँसो, मिल न सकूँगा तुमसे
वो मेरे हो न सके मैं भी तुम्हारा न रहा।

क्या बताऊँ मैं किधर यूँ ही चला जाता हूँ
जो मुझे फिर से बुला ले वो इशारा न रहा।

फिल्म : झुमरू

□□